아이에게 행복을 주는 비결 1

The Secret of
Happy Children

THE SECRET OF HAPPY CHILDREN
by STEVE BIDDULPH
with Allan Stomann & Paul Stanish

The Secret of Happy Children

아이에게
행복을 주는 비결 1

스티브 비덜프 지음 | 전순영 옮김

북하우스

제 인생의 시작을 멋지게 열어주신 부모님과

누구와도 바꿀 수 없는 아내 샤론 비덜프에게 감사드립니다.

그리고 자녀를 키우느라 힘들면서도 웃음을 잃지 않는

이 세상 모든 부모님들께 이 책을 바칩니다.

발간에 부쳐

제가 처음 『아이에게 행복을 주는 비결』을 썼을 때, 그토록 열광적인 반응이 있으리라고는 상상도 못 했습니다. 처음 타자기를 두드린 지 14년이 지난 지금, 이 책의 독자는 100만 명이 넘었고 이 책은 14개 국어로 번역되었습니다.

이 책을 처음 쓰던 당시 저는 부모들이 자녀들과 잘 지내고, 또 어린이들이 억눌리거나 무서움에 시달리지 않고 자랄 수 있기를 바라마지않던 햇병아리 심리상담사에 불과했습니다.

이 책의 초판에서 저는 자녀가 없고 단지 애완용 웜뱃(오소리와 비슷한 오스트레일리아 특산의 포유동물—옮긴이) 몇 마리만 기르는 것을 고백했습니다. 그것도 아주 말썽쟁이 녀석들이었죠. 그렇게 고백했던 이유는 그게 사실이기도 했거니와, 무엇보다도 독자들이 저의 조언을 음식에 소금을 조금 친다는 정도로만 받아들여줬으면 하는 마음이었기 때문입니다. 저는 지금도 독자들이 스스로의 판단을 신뢰해야 한다고 생각합니다. 전문가들은 당신의 가족을 방해할 뿐입니다. 자신의 마음에 귀기울이십시오. 그것이 자녀를 키우는 최선의 방법입니다. 책이나 전문가들, 친구들은 어디까지나 당신이 스스로 판단을 내리도록 도와주어야 합니다.

이제 제게도 아이들이 생겼고, 웜뱃들은 다 자라버렸습니다. 그러나 제 생각은 변함없습니다. 저는 젊은 엄마들이 신생아들과 있거나, 젊은 아빠들이 아이들과 놀아주는 것을 볼 때마다 아직도 감동을 느낍니다. 저는 젊은 부모들이 자녀양육을 위해 애쓰는 모습을 보며, 어느 위대한 운동선수나 유명 가수, 실업계의 거물을 볼 때보다 더 큰 감동을 받습니다!

어쨌든, 이 책의 개정판을 내며 기쁨을 느낍니다. 많은 분들이 이 책에서 큰 도움을 얻었다고 말씀하시지만, 오히려 그분들이 주신 가르침이 이 책을 더욱 살찌게 했습니다.

이 책이 마음에 드셨으면 합니다.

스티브 비덜프

차 례

7. 나이와 단계 161
—이게 정상이란 말이죠?

8. 부모의 에너지 충전, 기운을 아끼는 법 183
—아이들에겐 건강하고 행복한 부모가 필요합니다

부록 도와줍시다! 199
—여러분이 교사, 정치가, 조부모, 이웃 혹은 친구일 때 자녀를 가진 이들을 도울 수 있는 방법

책 머리에

왜 그렇게 많은 '어른들' 이 불행한 걸까요?

주위에 문제가 있다고 생각되는 사람들을 둘러봅시다. 그들은 자신감 없이 살아가고 있거나 우유부단하거나 불안에 시달리거나 대인관계와 친구 사귀기를 어려워하고 있습니다. 혹은 공격적이거나 남을 비난하고 깔보거나 주위의 불행은 외면해버리고 말지요. 또 어떤 사람들은 술이나 신경안정제에 의지해서 하루하루를 넘기고 있습니다.

세계에서 가장 부유하고 평화스럽다는 나라에도 불행은 널려 있습니다. 성인 다섯 명 중 한 명은 언젠가는 심리상담을 필요로 하게 되며, 세 건의 결혼 중 한 건은 실패로 끝나며, 성인 네 사람 중 하나는 안정을 얻기 위해 약물치료를 받아야 합니다. 어처구니없는 일이죠!

실업이나 불경기만이 불행을 가져오는 것은 아니며, 불행은 소득의 많고 적음에 관계없이 부자와 가난뱅이, 중산층에 다 똑같이 존재합니다. 결국 돈으로 해결할 수 없는 문제라는 거지요.

한편 어떤 사람들은 언제나 명랑하고 낙천적입니다. 그중 몇몇은 분명히 어려움을 겪고 있음에도 불구하고 오히려 인간정신이 더 빛나기도 합니다. 왜 그럴까요?

이유는 간단합니다. 불행이 미리 입력되어 있다는 것입니다. 많은 사람들이 어릴 때부터 자기 자신도 모르는 사이에 불행해지는 것을 배워왔으며, 그렇게 입력된 대로 지금 살고 있다는 겁니다. 이 책을 읽는 동안 여러분들은 자신이 별 생각 없이 해온 말들이 자녀들에게 자기 자신을 싫어하게 만드는 최면을 걸며, 그리고 그렇게 무의식적으로 입력한 것들이 자녀들이 커서 죽을 때까지 내내 어떤 문제를 일으키는 원인이 된다는 것을 알게 될 것입니다.

그러나 그렇지 않을 수도 있습니다. 여러분은 자녀들에게 낙천적이면서 사랑스럽고, 유능하고 행복하게 살도록 최면을 걸 수 있으니까요. 오래오래 성공적인 인생을 살아가도록 말입니다. 그 방법은 무엇일까요? 이제 시작됩니다.

1 마음속의 씨앗

—아이들에게 좋은 씨앗을 뿌려줍시다

밤 9시, 제 사무실에는 한 소녀가 울고 있습니다. 소녀는 화장을 하고 나이들어 보이는 세련된 옷차림이지만, 오히려 앳되고 안쓰럽게 보입니다. 그 소녀는 임신중이었고, 그에 관해 상담하고 있는 중입니다.

이와 같은 상황은 청소년 문제와 관련 있는 저 같은 사람들이 흔히 겪게 되는 일입니다. 크게 놀랄 일도 아니라 차분히 대처하고 있습니다. 지금 상황에서 이 소녀에게 필요한 것은, 오늘이 그녀 인생의 최악의 날이라는 것과, 최대한의 도움과 시간적인 여유, 상황에 대해 분별력 있는 판단을 할 수 있도록 도와주는 저의 조언일 겁니다. 보다 더 중요한 일은 그 소녀 스스로가 올바른 결정을 내려야만 한다는 것이죠.

전 소녀에게 부모님이 이 사실을 안다면 어떻게 반응할지에 대해 물어봤습니다만, 거의 내뱉듯이 이렇게 대답하더군요.

"뭐…… 그럴 줄 알았다고 하실걸요. 늘 제가 아무짝에도 쓸모없는 애라고 하셨거든요."

상담을 마치고 집으로 돌아가는 차 안에서도 제 머릿속에서는 부모님은 늘 제가 아무짝에도 쓸모없는 애라고 하셨거든요, 라는 소녀의 말이 떠나질 않았습니다. 흔히 부모들은 자식들에게 이런 얘기들을 합니다.

"넌 참 어쩔 수가 없구나!"

"왜 이렇게 귀찮게 굴어, 응?"

"나중에 후회하지 말고 엄마 말대로 해!"

"넌 누굴 닮아 그렇게 못되게 구니?"

"꼭 ××처럼 한심한 인간이 될 거야."

"얘가 미쳤나 정말, 말 들을래 안 들을래?"

부모 자신의 스트레스와 짜증이 섞여 별 생각 없이 내뱉어지는 이런 종류의 말들은 자라나는 아이들의 마음속에 차곡차곡 쌓입니다. 일종의 프로그램처럼 저장이 되는 겁니다. 이것을 '자기 실현적 예언'이라고 하는데, 이런 표현들을 계속 반복해서 듣고 자란 아이들은 그 말대로 되기 쉽기 때문에 예언이라고 하는 것입니다. 말이 씨가 된다는 속담도 있지요. 어린이들은 그들이 가진 뛰어난 직감으로 우리의 기대만큼 성장합니다.

위에서 예로 든 몇 가지 말들은 누구나 좋지 않은 표현이라고 알 수 있듯이 극단적입니다. 그러나 대부분의 부정적인 프로그래밍은 훨씬 더 복잡하고 미묘합니다. 간단한 예로 공터에서 놀거나 나무에 올라가는 아이들을 보십시오. "그러다 떨어지면 어쩌려고 그래! 조심해야지! 미끄러질라!" 당장이라도 아이가 떨어질 듯이 초조하게 소리를 지르는 어머니들의 고함이 이어집니다. 술 한잔 걸친 아버지가 어머니와 시시껄렁한 말다툼을 벌이고는 잔뜩 화가 나서 밖으로 담배 사러 나가면서 "얘야, 넌 절대로 여자를 믿지 마라. 여자들은 널 이용만 할 뿐이야" 하고 말하면 일곱 살짜리 아들은 진지하게 고개를 끄덕이면서 "알았어요, 아빠"라고 대답하죠. 뿐만 아니라 대부분의 가정에서 다음과 같은 말들을 들을 수 있습니다.

"으이구, 게을러터져가지고는……."

"왜 그렇게 네 생각만 하니?"

"너, 그만두지 못해?"

"누굴 닮아 그렇게 바보 같은 거야."

"그거 이리 내놔, 멍청하기는……."

"귀찮게 좀 하지 마!"

이런 종류의 말들은 아이의 마음을 잠시 상하게 하는 걸로 끝나지 않습니다. 아이를 무시하거나 비하하는 이런 말들은 마치 최면술처럼 아이들의 무의식 속에 씨앗이 됩니다. 그 씨앗은 자라나면서 아이들의 인격을 형성하는 한 부분이 됩니다.

우리는 아이들에게 어떻게 최면을 걸까요?

최면술과 암시는 오랫동안 사람들의 관심을 끌어왔습니다. 이것은 신비스럽고 다소 비현실적으로 보이지만 사실은 과학적으로 입증이 된 분야입니다. 무대에서 벌어지는 최면술 쇼라든지, 담배를 끊는 수단이나 혹은 명상 테이프 등을 통해 많은 이들이 최면술을 경험하거나 목격했습니다.

최면술에서 자주 쓰이는 방법들이 있습니다. 정신을 산만하게 하는 주문 같은 소리(수리수리마하수리……), 명령조의 말투(이제 곧 잠으로 빠져든다), 규칙적으로 반복하는 말투(자, 잠에서 깨세요 깨세요!) 등은 우리에게도 상당히 알려진 편입니다. 우리는 또한 후최면술(後催眠術)에 대해서도 알고 있습니다. 이것은 일종의 암시효과로서, 자신이 알지 못하는 사이에 자신의 의지와는 아무런 상관이 없는 행동을 해서 주위 사람들의 웃음을 자아내고 본인은 아주 당황하는 경우를 본 적이 있을 겁니다. 이것은 좋은 구경거리가 되기도 하겠지만, 자격을 갖춘 전문가에 의해 행해지면 훌륭한 치료방법이 될 수도 있습니다.

그런데 대부분의 사람들이 미처 느끼지 못하는 것은 최면술이 우리 일상생활 속에서 행해진다는 점입니다. 부모들이 별 생각 없이 일정한 어투로 말할 때마다 그것은 자녀들의 무의식 속에 스며들어 저장이 된다는 겁니다.

최면술이 성공하려면 정신집중이나 혼수상태가 필요하다는 개념은 이미 낡고 부정확한 이론입니다. 최면이란 무의식적으로 이루어지는 광범위한 학습의 한 형태이며, 더욱 놀라운 사실은 사람의 사고방식이 일상생활 속에서 스스로 깨닫지 못하는 상태에서 형성된다는 점입니다. 이미 미국의 변호사들과 세일즈맨들, 광고업 종사자들은 평범한 대화로 사업상의 이익을 가져올 수 있는 최면술 대화법을 훈련받고 있습니다. 어찌 보면 무섭기까지 한 일입니다.

다행히 자신이 최면을 당하고 있다는 것을 알고 있다면 어떻게든 대처할 수 있지만, 일상생활 속에서 우발적으로 일어나는 최면에는 누구나가 무방비 상태입니다. 부모들은 자신들도 깨닫지 못하는 사이에 일종의 메시지를 자녀들의 사고방식에다 심어놓게 되는데, 이러한 메시지는 아이들 스스로 떨쳐내지 않는 한 아이의 일생에 영향을 끼칩니다.

조니!
너 그러다가
발이 미끄러져서
나뭇가지를 놓치면
떨어지면서 팔반이
부러지고 땅바닥의 깨진
유리에 찔려 피를 흘릴 텐데,
구급차를 불러도 다른 동네로
잘못 갈 수 있고 그 사이에
넌 피를 너무 흘려서 나중에
중환자실에서 몇 달을 있어야
된다면 이 엄마가 얼마나
힘들겠니?

알지 못하는 사이에 당하는 최면

고(故) 밀턴 에릭슨 박사는 세계 최고의 최면술사로 알려져 있다. 그가 한번은 극심한 통증에 시달리는 암환자의 치료에 참여한 적이 있는데, 그 환자는 진통제도 소용없었고 최면요법도 거부했다. 에릭슨 박사는 병실에 잠깐 들러서 그 환자의 취미인 토마토 재배에 관해 얘기를 나누었다. 감각이 예민한 사람이라면 에릭슨 박사의 말투에서 독특한 리듬을 감지했을 것이다. 또 토마토에 관한 대화내용 중 (땅속에) 아주 깊숙이, 아주 강하게 자라는 것, (토마토를 따기) 쉽게, (온실에서) 따뜻하고 느슨하게 등의 특정 단어를 강조하는 것도 느꼈을 것이다. 그리고 에릭슨 박사의 표정과 자세가 이 단어들을 말할 때마다 미묘하게 변하는 것도 눈치챘을 것이다. 환자는 이 과정을 단순히 즐거운 대화로만 여겼고, 5일 후 사망할 때까지 고통스러워하지 않았다. 물론 대화를 통해 최면요법을 시도한 박사는 환자의 통증이 덜어졌으리라는 것을 이미 알고 있었다.

'너' 메시지

아이의 마음은 여러 가지 질문으로 꽉차 있습니다. 아마도 제일 큰 의문은 '나는 누구지?' '난 어떤 사람이지?' '난 어디에 속해 있지?' 하는 것들일 테지요. 이것은 자기 자신을 정의내리는, 즉 정체성에 관한 의문이며 어른이 된 후에도 인생의 근본이 되는 중요한 결단을 내리게 하는 질문들입니다. 어린이의 마음은 '너는~'으로 시작되는, 자기를 정의내리는 어른들의 말에 지대한 영향을 받습니다. 이것이 바로 '너' 메시지입니다.

메시지의 내용이 '넌 게을러'이든 '넌 정말 좋은 애야'이든 간에, 자기보다 훨씬 '큰' 어른들에 의해 내려지는 이러한 평가들은 어린이의 무의식 속에 깊고 단단히 뿌리내리게 됩니다. 문제투성이의 인생을 살아가는 수많은 어른들은 어린 시절에 "넌 아무짝에도 쓸모없어. 내가 잘 알지"라는 메시지를 듣고 자랐다고 회고하는 경우가 많습니다.

만약 아이들이 스스로에 대해 다음과 같은 믿음을 갖고 있다면 그들의 인생이 어떻게 달라질지 한번 상상해봅시다.

'나는 좋은 사람이야.'

'나는 사람들과 잘 지내.'

'나는 이해력이 좋아.'

'나는 머리가 좋지.'

'나는 창의력이 정말 뛰어나.'

'나는 건강하고 힘도 세지.'

'나는 나의 외모에 만족해.'

……등등 여러 가지 것으로 계속해보세요.

복잡한 것을 좋아하는 심리학자들은 이것을 '속성'이라고 합니다. 이 속성들은 인생을 살아가면서 지속적으로 나타나지요.

"왜 그 자리에 지원 안 하니?"
"난 그렇게 뛰어난 사람이 못 돼."
"그 사람, 꼭 죽은 네 남편처럼 좋은 사람 같던데, 왜 결혼 안 하는 거야?"
"내가 바보라서 그래."
"그 녀석들이 널 괴롭히는데 왜 가만 있니?"
"난 원래 그래. 그러니 내 인생이 요모양 요꼴이지 뭐."

'뛰어난 사람이 못 돼' '바보라서 그래' 등과 같은 표현들은 하루아침에 그냥 나오는 말이 아닙니다. 이 표현들은 어른들의 말에 감히 의문을 품지도 못하던 아주 어린 시절부터 머릿속에 저장되어왔던 겁니다. 이런 의문이 들 수도 있습니다. "하지만 아이들은 분명히 어른들이 말하는 '너는…… 어쩌고저쩌고' 하는 것에 그렇지 않다고 반박하잖아요?"

물론 아이들은 어른들이 내리는 자신에 대한 평가가 맞는 말인지 아닌지 스스로 따져봅니다. 그러나 아이들은 그 평가에 대한 비교대상이 없습니다. 누구나 가끔씩은 게을러지거나, 이기적이거나, 칠칠치 못하거나, 깜빡하거나, 말썽을 피울 때가 있습니다. 호랑이 담배 피던 시절에는, 하나님이 유황불로 벌을 내리실 거라는 믿음에 찬 목사가 "너희 모두는 죄인이다!"를 외쳐대면 당연히 수긍했지요. 누구나 죄를 지으니까요!

'어른들은 모든 걸 알겠지. 어른들은 우리 마음을 속속들이 들여다보거든.' 아이들은 이런 생각을 하게 마련입니다. 따라서 아이가 "넌 참 둔하구나"라는 얘기를 듣는다면 당황해서 둔하게 행동하게 됩니다. "너 꽤나 성가신 애구나"라는 말을 듣는다면 자신이 거부당하고 있다는 느낌을 받고 관심을 끌기 위해 더 귀찮게 굴게 됩니다. "넌 천치야"라는 말을 듣는다면 겉으로는 거칠게 반박하지만 속으로는 슬프게 동의할 수밖에 없습니다. 왜냐하면 그 말을 한 당신은 어른이고, 따라서 당신이 한 말은 맞는 말이기 때문입니다.

'너' 메시지는 의식적이든 무의식적이든 똑같이 작용합니다. 저는 상담중인 아이들에게 가끔 자신에 대해 얘기해보라고 하는데, 아이들은 "저는 못된 애예요"라든지 "저는 우리 집안의 골칫덩이예요"라는 식으로 대답합니다.

또 어떤 아이들은 혼란스러워합니다. "엄마 아빠는 저를 사랑한다고 하시지만, 전 그렇게 생각 안 해요." 아이들은 의식적으로 얘기를 듣지만, 무의식적으로 얘기 속에 감춰진 다른 느낌을 보고 듣고 냄새맡게 됩니다.

이게 다 이야기하는 방식에서 생기는 문제입니다. 우리가 아이들에게 "난 지금 너 때문에 화가 나 있어. 지금 당장 장난감들을 정리해라"라고 얘기한다면 별다른 부작용이 안 생깁니다. 그러나 "게으른 말썽꾸러기 같으니라구, 넌 왜 이렇게 지긋지긋하게 말을 안 듣니?"라고 꾸짖고 아이와 갈등이 생길 때마다 이런 메시지를 반복한다면, 결과는 뻔해지는 겁니다.

진심과 달리 행복하다느니 사랑한다느니 하고 가장하지 마십시오. 그 거짓들은 아이에게 혼란을 주고 불명확한 행동을 유발시키며 마음을 어지럽게 합니다. 아이를 기죽이지 않고도 감정을 표현할 수 있는 방법은 얼마든지 있습니다. 아이들은 어른들이 “나는 오늘 정말 피곤하단다” 혹은 “나 지금 화가 많이 났단다”라고 말할 때, 그리고 그게 그 말을 하는 사람의 분위기와 일치할 때, 크게 상처받지 않고 어른들이 말하고자 하는 바를 이해합니다. 그리고 아이들로 하여금 당신도 역시 사람이라는 것, 그리고 그건 결코 나쁜 일이 아니라는 것을 깨닫게 해준답니다.

대규모의 부모 모임에서 연설한 적이 있었습니다. 그때 앉아 있던 부모들에게 그들이 어렸을 때 들었던 ‘너’ 메시지를 불러보라고 하고 그것을 칠판에 받아적었더니 이런 내용이었습니다.

너는 게으르다, 칠칠치 못하다, 멍청하다,

골칫덩어리, 계집애가 어디……,

쪼끄만 게 뭘 안다구,

저만 아는 욕심쟁이, 바보, 미친놈,

귀찮은 자식, 지저분한 놈,

경솔하다, 무분별하다, 항상 느리다,

짜증부린다, 머리가 나쁘다, 시끄럽다,

배짱이 없다, 정신 사납다, 엄마를 골병들게 한다,

못났다, 평범하다, 유치하다,

꼭 지 아비 꼬락서니 닮았군…… 등등

사람들은 기억 속에 있던 갖가지 표현들을 생각나는 대로 외쳤고, 칠판이 한치의 빈틈도 없이 꽉찼을 즈음에는 마치 큰 소동이라도 벌어진 것처럼 강당 안이 고함소리로 가득 찼었지요. 사람들은 오래 전에 자신들에게 상처를 준 말들을 큰 소리로 쏟아내며, 안도감을 느끼는 한편 속이 후련하도록 해방감을 맛보는 듯했습니다.

드문 일이긴 하지만 몇몇 사람들은 자신의 부모들이 일부러 심술궂게 대했다고 느꼈을 정도였답니다. 왜냐하면, 과거엔 이런 식으로만 아이들의 버릇을 고칠 수 있다고 믿었기 때문이지요. '아이들은 호되게 꾸짖어야만 제대로 큰다' 라는 식의 훈육이 공공연하게 행해졌던 어린이 양육의 암흑기—이제야 우리는 거기서 벗어나려 하고 있습니다.

지금까지 겪은 모든 일은 머릿속에 저장되어 있다

1950년대는 간질을 앓던 이들에게 힘든 시기였다. 현재 사용하는 약품 중 대다수가 아직 개발되지 않았기 때문이다. 당시 펜필드라는 사람이 중증의 간질에는 외과수술이 효과가 있다는 것을 발견했는데, 그것은 환자의 두뇌 표면을 조금 절개하는 것이었다. 그 수술을 받은 환자는 발작이 줄어들거나 사라지는 효과가 있었다.

충격적인 사실은 환자는 맨정신으로 깨어 있는 상태에서 수술을 받아야 했다는 점이다. 그것은 안전상(?)의 이유로 국부마취만 허용되었기 때문이다. 집도의는 두개골을 조금 떼내어 뇌의 표면을 살짝 절개하고는 두개골을 도로 덮고 두피를 꿰매었다. 이 글을 쓰는 나도 소름끼치는 일이지만, 어쨌든 질병을 앓는 것보단 나으니까 그런 수술을 했을 것이다.

수술 도중에 환자들은 놀라운 사실을 체험했다. 수술의가 가느다란 외과용 바늘로 뇌의 표면을 조심스럽게 건드리면, 환자는 갑자기 오래된 과거의 일들을 놀라우리만큼 선명하게 기억해냈다. 오래 전에 〈바람과 함께 사라지다〉를 본 어느 환자는 극장 안에서 풍기넌 싸구려 향수냄새와 앞자리에 앉았던 사람의 벌집모양 헤어스타일까지 완벽하게 기억해냈다. 의사가 외과용 바늘로 다른 곳을 건드리자, 환자는 수술대에 누워 생생히 깨어 있는 상태에서 자신의 네번째 생일파티를 선명하게 기억해냈다. 이렇게 오래된 기억을 놀라우리만치 선명하게 떠올리는 현상은 다른 모든 환자들도 마찬가지로 경험했다.

잇따른 연구가 이 경이로운 발견을 뒷받침했다. 경험한 모든 것—모든 시각적 이미지, 소리, 대화 등—은 우리가 그때그때 느꼈던 감정과 함께 우리 뇌 속에 영원히 저장된다. 물론 이 모든 걸 기억해내는 것이 어렵긴 하지만 어쨌든 기억은 저장되어 있고 그 기억들은 일생을 두고 영향을 끼친다. 우리 뇌 속의 주름진 표면에 우리 인생이 몽땅 저장되어 있는 것이다!

무의식적으로 듣는다는 것은 또다른 흥미로운 현상으로 대부분의 사람들이 경험합니다. 파티나 모임에 참석했다가 다른 사람들끼리 얘기하는 것을 우연히 듣게 되었다고 합시다. 파티장은 사람들로 붐비고 음악도 시끄러운데 꽤 떨어진 곳에서 누군가가 내 이름 혹은 내가 잘 아는 사람의 이름 아니면 내가 관심을 가진 문제에 관해 얘기를 하면 갑자기 그 소리가 귀에 쏙 들어옵니다. 그리고 '어라, 지금 나에 대해 무슨 얘기를 하고 있지?' 하고 생각하게 됩니다.

어떻게 이런 현상이 일어나는 걸까요? 연구 결과에 의하면 우리의 청각이 듣는 소리는 두 부분으로 나누어진다고 합니다. 하나는 귀로 들려오는 모든 소리이고, 또하나는 우리가 주의를 기울여서 들으려고 애쓰는 소리입니다.

우리가 미처 느끼지 못하는 사이에 우리의 뛰어난 청각 시스템은 파티장에서 일어나는 모든 소음을 다 걸러내고, 우리가 주의를 기울일 만한 핵심 단어(가령 내 이름)나 문장만 뇌로 전달시켜 주목하게 합니다. 물론 그 대화의 전부를 한 번에 다 듣지는 못하지만, 우리의 뇌는 최소한 중요한 메시지만큼은 걸러낼 수 있는 것이죠. 이런 현상의 예는 수도 없이 많을뿐더러, 최면에 걸렸던 사람들의 경우는 그들이 전혀 주의를 기울이지 않았던 것까지 기억해냅니다. 많이 알려진 이야기 한 토막입니다.

> 어느 늦은 밤 커다란 트레일러 한 대가 고장이 나 언덕길을 굴러내려가 어떤 집을 정면으로 들이받았다. 구조대원들이 도착하여 집으로 들어가보니 놀랍게도 젊은 아기 엄마는 그 소동의 한복판에서 세상 모르고 자고 있었다. 구조대원들이 어처구니가 없어 멍하니 서 있는데 아기가 뒷방에서 울기 시작했다. 그러자 아기 엄마는 단박에 깨어나 "무…… 무슨 일이죠?" 하고 물었다.
>
> 그 엄마의 청각 시스템은 그녀가 자는 동안 오직 한 가지 소리만 제외하고 모든 소리를 뇌로부터 차단시켰다. 오직 아기 소리만이 그녀에게 들렸던 것이다.

이 모든 것들은 아이들과 어떻게 연관되어 있을까요? 한번 생각해보십시오. 아이들이 안 듣겠거니 하여 우리가 입 밖에 내는 모든 것들을, 그리고 아이들에겐 놀라운 듣기 능력이 있음을.(50미터 밖에서 사탕봉지 바스락대는 소리까지 듣습니다!) 심지어 잠을 자는 동안에도 아이들은 꿈을 꾸면서 밖에서 들리는 온갖 소리를 다 듣는다는 증거가 있습니다.

또한 아이들이 너무 어려 말을 하지 못한다고 해서 무시할 수도 없답니다. 아기들은 말을 배우기 몇 달 전부터 어른들이 무슨 말을 하는지 알아듣거든요.

몇 년간이나 심각한 부부싸움을 하거나 아주 불행한 결혼생활을 하는 부모들이 저와 상담중에 "애들은 우리 일에 대해 전혀 모르고 있어요. 당연하죠"라고 해서 가끔 신기하게 여겨질 때가 있습니다. 무슨 일이 일어나고 있는지 사실 아이들은 다 알고 있다고 해도 과언이 아닙니다. 아이들은 그것을 혼자만 간직하거나, 이부자리에 오줌을 싸거나, 형이나 동생을 심하게 괴롭히거나 하면서 간접적으로 드러낼 뿐입니다. 따라서 다른 사람과 함께 자녀들에 대해 얘기할 때는 정말로 당신이 생각하는 바를 말하십시오. 아이들이 안 듣는 것 같아도, 그 얘기들은 아이들 마음속으로 곧바로 전달됩니다.

그리고 또 그걸 이렇게 이용합시다. 아이들이 듣지 않을 것 같은 상황에서도 여러분이 아이들을 얼마나 사랑하고 아끼는지를 다른 사람과 대화하면서 말해보면 어떨까요? 이 방법은 대놓고 칭찬 듣기를 쑥스러워하는 연령의 아이들에게 특히 효과가 있습니다.

물론, 우리 딸애가
똑똑하진 않아요!

듣는 것과 치료효과

다음의 이야기는 나의 스승인 버지니아 새터 박사로부터 들은 것이다.

한 소녀가 편도선 제거 수술을 받고 병실로 돌아왔는데 출혈이 멈추지 않았다. 새터 박사는 걱정을 하는 의료진들과 함께 소녀의 수술부위를 검사했다. 혹시나 하는 어떤 직감으로 박사는 수술 도중에 무슨 일이 있었는지를 물어보았다.

"어, 우린 그때 어느 할머니의 목부위 암수술을 막 끝낸 후였어요."

"무슨 얘기를 나누었나요?"

"그 수술에 관해서죠, 할머니가 살아날 가망이 거의 없다고요. 상태가 아주 나빴거든요."

새터 박사의 머리가 빠르게 회전하기 시작했다. 그녀는 이 소녀가 비교적 간단하고 쉬운 수술을 받으러 들어가 마취상태에서 수술진들이 암환자인 할머니에 대해 얘기하는 것을 듣는 장면을 상상해보았다. '살아날 가망이 거의 없는' '상태가 아주 나빴거든요…….'

박사는 재빨리 소녀를 수술실로 다시 들여보내서 수술진들이 소녀에 대해 다음과 같이 말하게 했다.

"우와, 이 환자는 굉장히 건강해 보이네. 그 할머니 환자하고는 전혀 다른데."

"이 환자는 정말 목이 건강하군."

"이 환자는 금방 나아서 친구들하고 뛰어놀 수 있겠는걸."

출혈은 멈추었고, 마취에서 깨어난 소녀는 다음날 퇴원했다.

메시지에 힘을 더합시다

학자들은 단순한 메시지라도 접촉이나 눈맞추기, 힘찬 목소리 등이 더해지면 듣는 사람에게 더 깊은 영향을 준다는 것을 발견한 바 있습니다.

사실, 이것은 아주 간단한 일입니다. 누군가 당신에게 "넌 참 귀찮아"라고 말하면 당신은 아마 꽤 화가 날 겁니다. 그런데 그가 큰 소리로 사납게 그런 말을 한다면 훨씬 더 화가 치밀어오를 것입니다. 그가 만약 훨씬 더 큰 목소리로 말하고 이성을 잃은 듯이 위협적인 몸짓을 하며 당신 쪽으로 다가온다면 그건 참 끔찍한 일이 되겠지요.

그가 만약 당신보다 몸집이 세 배나 크고 더군다나 항상 기대고 같이 살아야 하는 가족 중 한 사람이라면 당신은 아마 평생 잊기 힘들 겁니다.

현대의 남성과 여성들(특히 앵글로색슨계 백인들)은 일상생활 속에서 스스로를 상당히 억제하는 것 같습니다. 그들은 정열적이고 힘있게 행동하거나 말하지 않습니다. 또 기분이 좋든 나쁘든 겉으로 드러내지 않으며, 어려운 상황에 있더라도 자기의 고통을 드러내지 않으려고 노력합니다.

때문에 아이들은 매일 부드럽고 완곡한 메시지를 들으며 살게 됩니다. "얘야, 그러지 말고 이리 온" "착하지" 등 메시지가 긍정적이든 부정적이든 큰 영향을 주지 않으며 가볍습니다.

그러다가 어느 날, 엄마와 아빠가 스트레스가 잔뜩 쌓였을 때 난리가 나는 거죠. "못된 자식, 입 다물지 못해" 따위의 말들이 사

뭐해요?
청각 테스트요…….
맛있다 초코바
50미터 밖의
초콜릿 봉지 소리!
맛있다 초코바

나운 눈초리와 함께 귀청이 떨어지게 쏟아져나온다면, 그것은 아이들에겐 잊기 어려운 일이 됩니다. 설사 그 말들이 엄마 아빠의 본심이 아니었더라도 아이들은 쉽게 벗어나지 못합니다. '엄마 아빠가 진짜로 생각해왔던 나는 이런 거였군!'이 되고 맙니다. 지나치게 신경이 날카로워진 부모들이 쏟아내는 이런 말들은 아주 강력합니다.

"차라리 널 낳지 말걸 그랬어."

"넌 너무너무 멍청한 애야."

"니가 아주 날 말려 죽이는구나, 응!"

"나한테 한번 맞아볼래!"

아이들 있는 데서 화를 내는 것이 무조건 나쁘다는 것은 아닙니다. 사람은 때로 화가 나거나 신경질을 부리거나 분통을 터뜨린다는 것을 배울 필요는 있습니다. 단 지나치지 않은 범위 내에서 말입니다. 엘리자베스 커블러 로스에 의하면, 진짜로 화가 났을 때 그 화는 20초 정도만 지속된다고 합니다. 나머지 대부분은 그냥 시끄럽게 소리를 지르는 것이지요. 문제는, 긍정적 메시지들('넌 굉장해' '우린 너를 사랑한단다' '우리가 널 보살펴줄게')에는 분노만큼의 강렬함이나 설득력이 없다는 사실에 있습니다. 우리는 그 점을 알면서도 긍정적인 혹은 부정적인 메시지를 적당한 비중으로 전달하지 않고 있습니다.

대부분의 어린이들은 사랑을 많이 받고 있으면서도 그것을 모르는 경우가 많습니다. 많은 사람들이 죽는 날까지도 자기는 부모에게 귀찮고 실망스런 존재였다고 믿고 있습니다. 가족을 위한 심리상담을 하며 가장 감동적인 순간은 부모와 자식 사이에 그러한 오해가 걷힐 때였습니다.

아이들에게 위기가 닥쳐올 때—동생이 새로 태어난다든지, 부모가 이혼한다든지, 학교에서 문제를 일으켰을 때, 혹은 직업을 구하지 못해 걱정할 때—어깨에 손을 얹고 눈을 똑바로 들여다보며 격려를 해주는 것은 아주 중요합니다. "어떤 일이 생겨도, 넌 우리에게 무척 특별하고 소중하단다. 우린 네가 훌륭한 애라는 걸 알고 있어."

지금까지 아이들이 무의식적으로 프로그래밍되어 불행한 어른으로 자라는 것에 대해 얘기했습니다. 이 불행한 프로그래밍의 방법은 아주 흔하게 일어납니다.

하지 말아야 되는 것들

아이들을 훈계할 때, 간단히 말할 것을 가지고 아이들을 마냥 깎아내리지 맙시다.

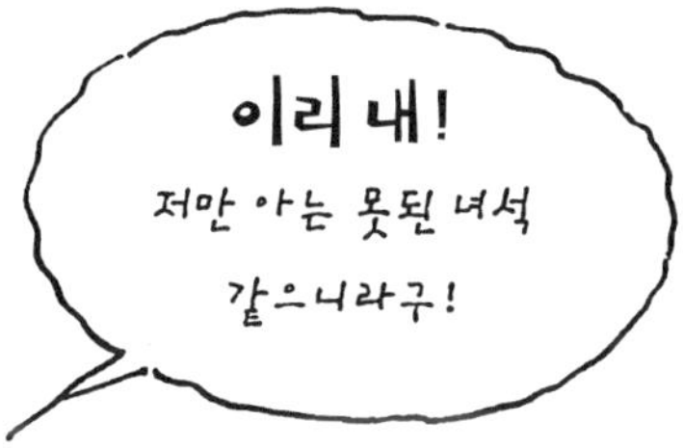

좋지 않은 별명을 불러대거나 해서 친근한 척하면서 비하하지 마십시오.

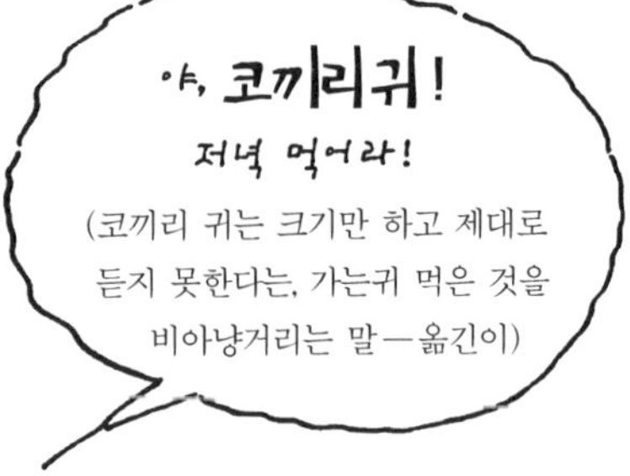

비교하지 말 것!

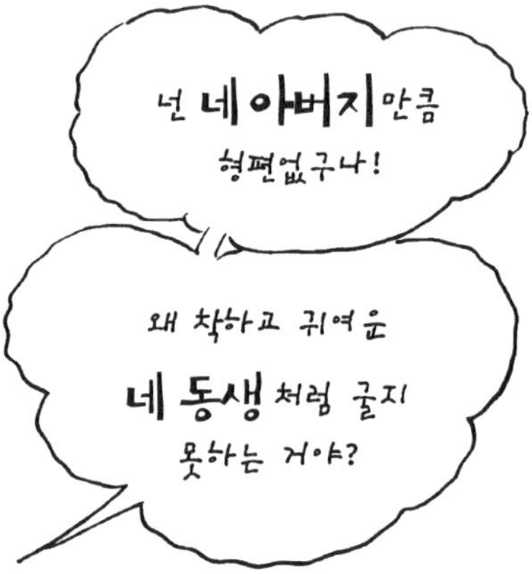

본보기를 보이십시오! 아이들은 어른들이 말하는 대로 합니다.

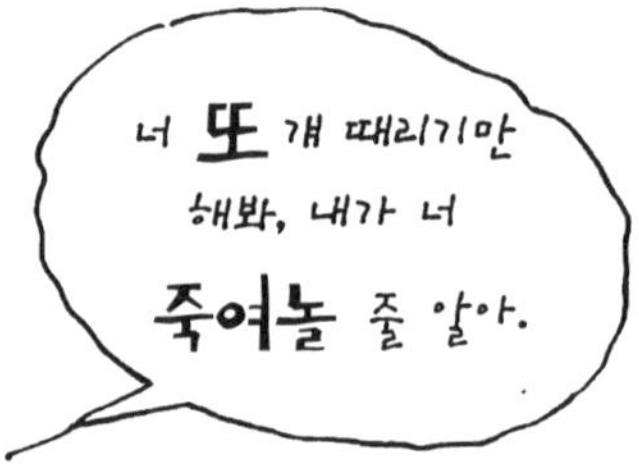

절대로 아이들이 듣는 데서 아이들 험담을 하지 마십시오.

나중에 말썽이 생길 일을 가지고 자랑하지 마십시오.

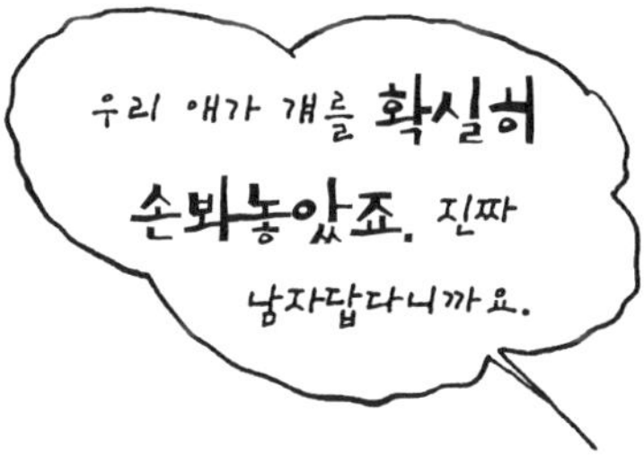

자녀에게 죄책감이 들게 하지는 맙시다.

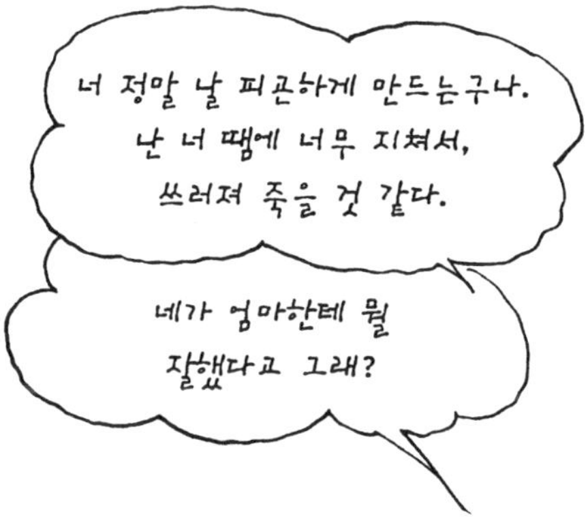

이런 종류의 표현은 잔소리 레퍼토리에서 빼는 게 자신을 위해서도 아이를 위해서도 훨씬 좋습니다.

아이에게 긍정적인 메시지를 입력하는 법

때로는 아이들을 붙잡고 똑바로 눈을 맞추며 직접적이고 확실한 긍정적 표현을 할 수 있습니다만, 아이들에게 쉽고 자연스럽게 받아들이게 하는 최고의 방법은 의도하지 않은 듯이 가볍게 던지는 것일 수도 있습니다.

아이들에게 긍정적인 메시지를 입력하는 방법은 많습니다.

아이들을 훈계할 때 :

아이들이 힘들어할 때 :

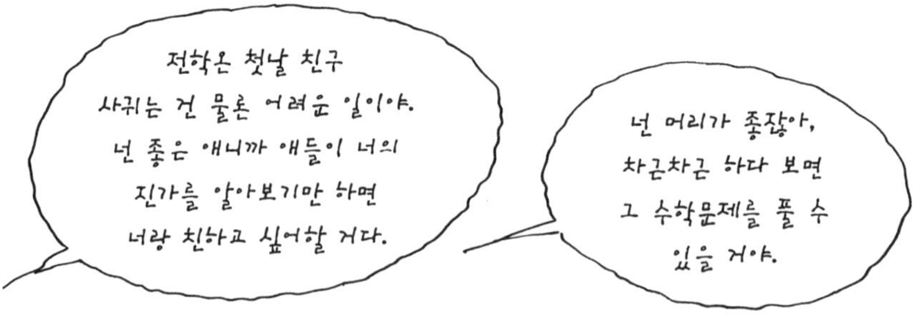

그냥 때때로 지나가는 말처럼 :

넌 기운이 철철 넘쳐서 아주 날아다니는구나. 내가 따라가기 벅찰 정도야.

어쩌면 꼬마애들을 그렇게 잘 돌보니. 아이들이 너를 너무 좋아해.

옆집 할머니가 아까 그러시더라. 네가 얼마나 인사를 잘하는지 예뻐 죽겠다고…….

너는 웃는 모습이 참 예뻐. 네가 웃으면 주위 사람들도 기분이 밝아진단다.

너 창의력이 대단하구나. 이 작품 너무 멋지다.

옷이 무척 잘 어울리네. 나날이 예뻐지는구나.

노래를 어쩜 그렇게 잘하니. 목소리가 참 듣기 좋아.

한마디 덧붙이자면 : 아이의 의심이나 무서움을 없애기 위해 막무가내로 칭찬하지는 마십시오. 아이들의 말에 귀를 기울이십시오. 과장하지 마십시오. 적당한 때를 골라 진심으로 말해주십시오. 거짓말은 안 하느니만 못하답니다.

어떻게 말하느냐에 달려 있다 — 긍정적인 말의 효과

칭찬 혹은 기죽이기만이 아이의 자신감 높낮이를 결정짓는 건 아니다. 우리가 아이들에게 요구나 지시를 할 때 말을 어떻게 하느냐에 따라 아이들의 자신감에 차이가 생긴다.

어른인 우리는 자신의 행동이나 느낌을 '스스로에게 말하면서' 방향을 잡는다.('차에 기름 넣는 걸 잊지 말아야 하는데' '이런, 지갑을 깜빡 했네. 나도 이제 늙었군' 등) '스스로에게 말하는 것'은 부모님이나 선생님들로부터 직접 보고 배운 것이다. 같은 이치로, 이제 우리가 자녀들의 마음속에 온갖 유용하고 긍정적인 말들을 심어넣어 아이들이 스스로 되새길 수 있게, 그래서 평생 동안 용기를 잃지 않게 만들 때이다.

예를 들어 아이에게 "오늘 학교에서 싸웠다만 봐, 그냥!" 하는 대신 "오늘 학교에서 친구들과 재미있게 놀고, 즐거운 시간을 보내고 와라" 하는 게 어떨까?

그런 사소한 것들이 어떻게 큰 차이를 만드냐고? 요컨대 이건 사람의 마음이 어떻게 움직이느냐 하는 문제이다. 만약 어떤 사람이 당신에게 2분 동안 파란색 원숭이에 대해 생각하지 않으면 100만 달러를 주겠다고 했다고 치자. 그게 가능할 거라고 생각하는가?(못 믿겠다면 직접 해볼 것!) 만약 아이가 "나무에서 떨어지지 마"라는 말을 듣는다면, 아이는 두 가지 일을 생각해야 한다. '하지 마'와 '나무에서 떨어지는 것'. 우리는 무엇을 듣든지 간에 거기에 따라서 자동적으로 연상을 하기 마련이다. (당신이 레몬을 콱 깨물었다고 상상해보라. 어떤 일이 일어나는가?) 아이가 나무에서 떨어지는 걸 아주 실감나게 상상한다면 아이는 실제로 떨어질지도 모른다. 차라리 긍정적으로 말을 바꾸는 게 낫다. "나무 위에 올라가면 발 디딜 만한 곳을 찾아봐."

상황을 바로잡을 기회는 항상 있다. "차도로 뛰어들지 마" 대신 "나랑 인도에 같이 있자"가 쉽고 낫다. 아이로 하여금 '어떻게 하면 안 된다' 보다는 '어떻게 한다' 를 상상하게 할 것.

아이들에게 무엇을 시킬 때 옳은 방법을 정확하게 설명해줄 것. 아이들이 사고를 저지를 수도 있으므로 지시를 명료하게 할 것. "민수야, 보트의 이쪽을 양손으로 잡고 있어"가 "그거 잡아 빼면 죽을 줄 알아"나 "너 물에 빠지려고 그래?"보다 낫다. 큰 차이가 없는 것 같지만, 사실은 차이가 크다.

긍정적인 말은 아이가 생각하고 행동하는 것도 긍정적으로 만들어, 예기치 못한 상황이 닥쳐도 여유 있게 대처하게 한다. 아이들은 성공하게 되는 것을 상상하고, 훌륭한 결과를 만들어 낼 때까지 스스로 그 말들을 되새긴다. 부모의 격려는 아이들과 평생을 함께 한다.

말이 안 되는 얘기들

당신은 아이에게 얘기하는 자신의 말을 되새겨보고 쓴웃음을 지은 적이 있는가? 우리가 아이들에게 말하는 것 중엔 말도 안 되는 표현이 많다.

스코틀랜드 코미디언 빌리 코놀리가 최근 공연에서 익살스러운 사투리로 그런 표현들을 흉내낸 적이 있다.

"엄마, 영화 보러 가도 돼요?" "영화? 영화 찍고 자빠졌네."

"그럼 빵 좀 먹어도 돼요?" "빵? 내가 널 빵으로 만들어주마."

대부분의 사람들은 어렸을 때 앞뒤가 안 맞는, 말도 안 되는 표현들을 부모로부터 들은 적이 있을 것이다.(그렇게 울면 망태할아범이 잡아간다, 다리 밑에서 주워왔다 등) 아이들이 커가면서 이런 말 때문에 약간의 혼란을 겪기도 하는 건 당연한 일이다.

최근 어느 초등학교에 갔을 때, 유치원생 정도의 아이들을 입학시키려고 와 있던 부모들과 같이 있었다. 우리가 잠깐 기다리는 사이, 활발하고 호기심 많은 한 남자애가 선반에서 수학교구들을 끄집어내기 시작했다. 당황한 꼬마의 엄마는 "너 그거 만지면, 선생님이 와서 네 손가락을 잘라버릴걸" 하고 꼬마를 말렸다. 물론 이런 식의 말을 하는 동기는 누구나 이해한다. 아무리 말려도 듣지 않을 때에는 극단적인 방법을 쓸 수밖에 없는 것 아닌가. 그러나 그런 극단적인 메시지는 아주 강하고 빠르게 전달된다. 그 아이가 인생에 대해 어떻게 생각하게 될까? 두 가지 대답이 나올 수 있다. 하나는, 세상은 미쳐 돌아가는 위험한 곳이라는 것.(말 안 듣는다고 손가락을 자르다니!) 또하나는, 엄마 말 따윈 들을 필요 없다는 것. 엄마는 어차피 말도 안 되는 얘기만 하니까.(진짜로 손가락이 잘리진 않으니까) 인생의 출발부터 이러니 앞날이 걱정될 뿐.

또 이 얘기는 내가 직접 겪었던 일이다. 나는 두 살 반이 된 내 아들에게 안전띠를 매지 않으면 무서운 순경 아저씨가 잡아간다고 말했다. 나는 덥고 피곤했으며, 좁은 차 안에 내 큰 덩치를 구겨넣고 아이들에게 안전띠를 채우느라 실랑이를 하면서 잔뜩 열을 받은 상태였다. 그래서 싸구려 속임수를 썼는데 그 대가를 톡톡히 치러야 했다. 사실 그 말이 내 입에서 나오자마자 스스로도 후회스러웠다. 그후 며칠 동안 두고두고 질문에 시달렸다. "경찰 아저씨들은 총을 갖고 다니나요?" "우리 집 골목에도 경찰 아저씨가 있어요?" 아이가 경찰 제복을 입은 사람들을 무서워하지 않게 되기까지는 큰 곤욕을 치러야 했다.

아이들과 씨름하며 항상 일일이 설명할 수도 없고, 얼굴색이 변해가며 이유를 갖다댈 필요도 없다. "아빠가 집에 오시기만 해봐, 널 그냥……" "네가 내 속을 이렇게 긁어놓으니 내가 못 살겠다" "널 고아원에 보내버릴 거야"라는 식의 메시지는 강한 어린이도 감당하기 어려운 무섭고도 해로운 표현들이다. 아이들이 어릴 때는 우리가 지식의 원천이다. 좀더 자라면 아이들은 우리를 얼마나 믿을 수 있나 테스트한다.(아이들은 다른 정보의 원천과 우리를 비교해본다.) 따라서 우리 임무는 아이들에게 현실적이면서도 조금은 장밋빛이 감도는 세상을 보여주는 것이다. 아이들은 자라면서 스스로 세상에 대한 그림을 만들어나가며 정신적으로 단단해지고 안정감을 갖게 된다. 그래서 아이들이 나중에 인생의 쓴맛을 보게 되는 속임수나 거짓과 대면했을 때, 최소한 그것만이 세상의 전부는 아니라는 것, 세상엔 신뢰할 수 있고 안심할 수 있는 사람들—엄마 아빠를 위시한—또한 존재한다는 것을 이해하는 것이다.

왜 부모들은 아이들을 주눅들게 할까요?

여기까지 읽고 나서 내가 지금까지 애들한테 너무한 게 아닌가 하고 죄책감을 느끼는 분들이 계실 텐데, 그러지 마십시오. 늦은 건 아니니까요. 아이들이 어리든 다 자랐든 간에 이미 입력된 프로그래밍을 극복할 수 있는 방법도 많습니다.

첫단계는 스스로 돌아보는 것, 즉 애당초 아이들의 기를 왜 죽였는지 파악하는 것입니다. 대부분의 부모들은 불필요하게 자주 아이들이 기를 꺾곤 하는데, 거의가 다음과 같은 세 가지 이유에서 비롯됩니다.

1. 자신이 어렸을 때 들었던 말들을 되풀이한다.

부모 노릇이란 학교 같은 데서 따로 배우는 게 아닙니다. 부모 노릇의 가장 확실한 본보기는 바로 자신의 부모님이죠.

누구나 잔뜩 열받아 아이들에게 소리를 지르고 나서는 '으악, 이건 우리 부모님이 나한테 야단치던 거랑 똑같잖아! 끔찍하게 싫어했는데!' 하며 자기를 돌아보는 순간이 있었을 것입니다. 그건 마치 오래된 녹음 테이프가 자동으로 작동하는 것 같습니다. 그러니 그것을 멈추려면 의식적인 노력이 필요하지요.

물론 어떤 부모들은 또다른 극단으로 가기도 합니다. 어렸을 때의 아픈 기억으로 인해, 아이들을 절대 야단치거나 때리지 않는 것이지요. 그 결과 아이들은 자제력이 없어져서 나중에 힘든 인생을 살게 됩니다. 부모 노릇은 결코 쉬운 게 아니죠.

2. 그렇게 하는 것이 옳다고 믿는다.

한때, 아이들이란 원래 버릇없고 제멋대로니까 아이들에게 그들이 얼마나 어떻게 못됐는가 얘기해주는 것이 부모가 해야 할 일이라고 믿었던 때가 있었습니다. 자녀를 제대로 키운답시고 수치심을 주었던 것입니다.

부모 자신이 그렇게 자랐을 수도 있기 때문에 아이들한테 자존심이나 자신감이 얼마나 필요한지 모를 수도 있습니다. 그렇다고 하더라도 지금까지 이 책을 읽었다면, 아이들을 주눅들게 하는 것이 얼마나 해로운지 충분히 깨달았을 것입니다.

3. 스트레스에 너무 짓눌려 있어서.

부모들이 경제적으로 쪼들리거나, 과로하거나, 외롭거나 혹은 권태로울 때 아이들에게 파괴적인 말을 할 확률이 높다고 합니다.

이유는 간단합니다. 어떤 이유로든 압박감을 느낄 때 우리 몸은 긴장하게 되고, 어떻게든 그 긴장을 풀려고 합니다. 누군가에게 아무 말이나 막 퍼붓는다거나 화풀이를 하고 나면 스트레스가 풀리는 법이니까요.

배우자, 직장상사, 집주인 혹은 다른 누구와 비교해도 아이들이 제일 만만한 대상이므로 아이들은 자주 희생양이 되곤 합니다. 곰곰이 한번 생각해보십시오. '난 지금 열받은 상태인데, 열받게 한 사람이 정말 누구인가' 하고. 자기 아이들에게 한바탕 화를 내고 난 다음에 스트레스가 해소되었다고 하더라도, 그 기분은 오래 가지 않습니다. 아이들은 야단을 맞고 더 나쁘게 행동할 가능성이 높기 때문이지요.

이런 경우라면 빨리 다른 스트레스 해소책을 찾는 게 중요합니다. 긴장은 두 가지 방법으로 풀 수 있습니다.

첫째, 빠르고 격렬하게 움직일 것. 예를 들면 매트리스를 턴다든가, 빠른 동작의 운동을 한다든가, 빨리 걷기 등을 해봅니다. 이건 결코 하찮은 일이 아닙니다. 화가 난 부모가 아이를 방에 앉혀놓고, 마음을 가라앉히기 위해 동네를 한바퀴 돌고 온다면 아이들의 인생에 변화가 올 수도 있으니까요.

둘째, 친구와 얘기하거나 배우자와 서로 기대어 스트레스를 풀어볼 것. 혹은 요가나 운동, 마사지 등 스트레스를 없애면서 몸도 부드럽게 풀어주는 활동을 할 것.

요컨대, 자녀를 돌보는 것 못지 않게 자기 자신도 돌보아야 한다는 것입니다. 부모가 운동이나 휴식 등 자기만의 시간을 규칙적으로 가지는 것이 잠시도 쉬지 않고 아이한테 매달려 있는 것보다 오히려 아이를 위해서도 훨씬 더 바람직합니다.(자세한 것은 8장을 보십시오.)

부정적인 얘기들은 여기에서 끝내겠습니다. 이 책의 나머지는 어떻게 하면 아이들을 위한 '바람직한' 일들을 쉽게 할 수 있을까 하는 내용으로 채워져 있습니다. 변화는 가능합니다. 많은 부모들이 모임이나 강연회 혹은 라디오 등에서 이런 생각들을 접한 게 즉각적인 큰 도움이 되었다고 말합니다.

독자 여러분이 여기까지 읽고 난 후 생각에 큰 변화가 왔는지는 모르겠습니다만, 앞으로 아이들에 대한 자신의 태도가 부드럽고 긍정적으로 되어가는 것을 느낄 겁니다.

2 아이들이 진짜로 원하는 것

—비디오 게임기보다 싸고 아이스크림보다도 건강에 좋은 것!

수없이 많은 부모들이 매일같이 마음속에서 가장 자주 떠올리는 질문은 무엇일까요?

왜?

왜 아이들이 속썩이지? 왜 하지 말라는 짓을 하지? 왜 자꾸 일을 저지르지? 싸움박질, 놀리기, 말 안 듣기, 말다툼, 어지르기, 성가시게 괴롭히기 등은 '왜' 하는 걸까요?

심지어 어떤 애들은 말썽 피우는 것을 즐기는 것같이 보일 때도 있습니다. 대체 왜 그럴까요?

이 장에서는 '못된' 아이들의 마음속에 뭐가 있는지, 아이를 잘 이끌려고 노력했는데 어째서 결과는 그 반대인지에 관해 다루게 됩니다. 이 장을 읽고 나면 여러분은 대체 왜 아이들이 잘못된 행동을 하는지, 그 예방책과 아이들을 제대로 인도하는 방법에 대해 알게 될 것입니다.

아이들은 단 한 가지 이유 때문에 말썽을 피웁니다. 뭔가 아쉬운 게 있기 때문이죠. 다행히도 비싼 것은 아닙니다. 설명하기 어려운 이러한 '아쉬움'은 너무나 중요하고 소중한 문제여서, 아이들을 단순히 행복하게 하는 것에 그치는 것이 아니라 아이들의 '삶' 자체를 유지시켜줍니다. 아마 다음의 이야기는 그에 대한 설명이 될 수 있을 것 같습니다.

1945년, 2차대전이 끝난 후의 유럽은 초토화된 상태였다. 산적한 문제들 중 하나는 전쟁중 부모의 사망이나 행방불명, 이산 등으로 생겨난 수많은 전쟁고아들의 구호문제였다.

다행히 전란에서 비켜나 있던 스위스는 이 문제를 해결하기 위해 의료진들을 동원해 조사를 실시했다. 그중 어느 의사는 고아가 된 아기를 어떻게 하면 가장 잘 보살필 수 있을지 연구하는 과제를 맡았다.

그는 고아를 돌보는 가장 훌륭한 방법을 찾기 위해 유럽의 여러 나라에 있는 수많은 고아원을 방문했다. 어떤 곳에서는, 미군 야전병원이 고아보호시설을 만들어 아기들을 위생병동의 스테인리스 요람에 눕히고 말끔한 제복을 입은 간호사가 특수 제조된 분유를 네 시간 간격으로 먹이는 것을 보았다.

또 외딴 산골마을에 트럭 한 대가 와서는 운전사가 “이 아기들을 돌보아주실 분 계십니까?” 하고 여섯 명의 울고 있는 아기들을 마을 사람들의 손에 맡기고 떠나는 것을 보았다. 아기들은 거기서 마을 아이들, 개, 염소, 마을 여인네들에 둘러싸여 염소젖이나 여럿이 함께 먹는 스튜를 얻어먹으며 자랐다.

그 스위스 의사는 서로 다른 양육시설을 아주 간단한 방법으로 비교했다. 아기들의 몸무게를 잴 필요도, 아기의 웃음이나 눈맞춤을 확인해볼 필요도 없었다. 인플루엔자나 이질이 만연하던 당시에 그는 가장 간단한 통계수치인 사망률을 확인했다.

비교 결과는 놀라운 것이었다. 전염병이 유럽을 휩쓸어 많은 사람들이 죽어가는 가운데, 그 외딴 산골마을에 남겨진 아기들이 야전병원에서 과학적이고 위생적으로 양육되고 있던 아기들보다 훨씬 건강하게 자라나서 더 많이 살아남았다.

그 의사가 알아낸 것은 이미 여인네들이 오래 전부터 알아왔던 사실이었을 뿐입니다. 즉 아기들이 살아가려면 '사랑'이 필요하다는 것을 발견한 것이지요. 야전병원의 아기들은 애정과 자극을 제외한 나머지를 모두 갖고 있었습니다. 그런데 산골마을의 아기들은 의식주 면에서 아주 기본적인 것만 받았지만 병원의 아기들보다 훨씬 더 건강했습니다.

물론 그 의사가 '사랑'이란 용어를 사용하지는 않았지만(과학자들은 그런 용어의 사용에 대해 질색을 합니다) 그가 말하고자 하는 것은 분명합니다. 그가 내린 결론을 한번 살펴봅시다.

- 두서너 명의 특별한 사람들로부터 받는 잦은 피부접촉(스킨십)
- 안아주거나 얼러주는 것과 같은 부드럽고 활발한 동작
- 눈맞춤, 웃음, 알록달록하고 활기 넘치는 환경
- 노랫소리, 애기 소리, 옹알거리는 소리 등

이것은 처음으로 과학적으로 증명된 발견이라는 점에 그 의의가 있습니다. 아기들은 그냥 먹여주고 입혀주고 씻겨주는 것 이상으로 따뜻한 인간적인 접촉과 애정이 필요합니다. 아기들에게 이런 인간적인 요소가 주어지지 않으면 아기들은 쉽게 죽고 말지요.

아기들이 많은 것을 필요로 한다는 것은 이제 충분히 알았습니다. 그렇다면 좀더 자란 아이들은 어떨까요?

다음의 그래프는 사람들이 살아가면서 받게 되는 신체접촉(바로 그 신체접촉!)의 양을 나타낸 것입니다.

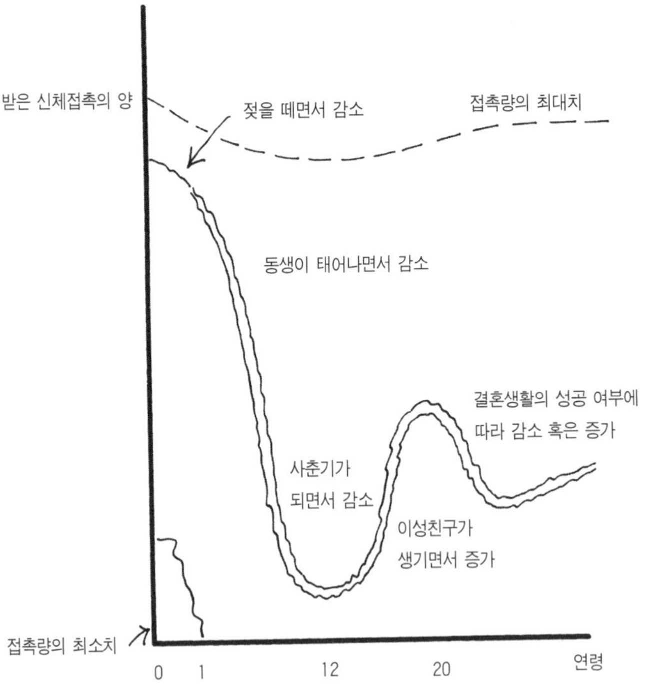

이 그래프는 평균치의 상황임을 명심하십시오. 이상적인 경우는 아마 수평으로 그어진 경우일 겁니다. 아이가 두세 살이 되었을 때 그래프가 뚝 떨어지는 것은 아이에게 동생이 생겨서 부모의 관심과 사랑을 나눠 가져야 하기 때문인데, 이때는 누구에게나 힘든 시기입니다.

영아기나 유아기의 아이들은 안기거나 누가 어루만져주는 것을 좋아합니다. 아동기의 어린이들은 누가 안아주는가 따지기도 하지만 안기는 것과 만져주는 것을 좋아하기는 마찬가지입니다.

십대들, 사춘기나 청소년기들의 아이들은 그런 접촉이 꽤 어색하지만 자기들도 애정 어린 관심을 받으면 좋다고 털어놓습니다. 그리고 십대 후반이 되어 누군가를 특별히 좋아하면서 그 사람의 관심을 열렬히 원하게 되지요.

언젠가 60명의 청중을 두고 강연을 한 적이 있습니다. 저는 그때 그들에게 눈을 감으라고 한 다음, 매일매일 살아가면서 자기가 받는 애정이나 관심이 부족하다고 생각되면 손을 들어보라고 했습니다. 단 한 명의 예외도 없이 60명 모두가 손을 들었습니다!

타인들로부터 관심과 애정을 얻고 거기서 행복을 느끼기 위해 사람들은 신체적 접촉말고도 다른 방법을 찾습니다. 가장 일반적인 방법은 말로 표현하는 것입니다.

우리 모두는 사람들이 나를 알아주고 주목해주고 가능한 한 진심 어린 칭찬을 해주기를 원합니다. 대화에 끼고 싶어하고, 사람들이 자기 얘기를 경청하고 더 나아가서 존경까지 해주기를 바라지요.

물론 저 사람이 원하는 건 사람들이 자기를 주목해주는 것뿐이죠.

세 살짜리 아이는 "나 좀 봐"라고 직접적으로 얘기합니다.

대부분의 부자들은 자기의 은행 잔고를 과시하고 누군가 감탄해주길 원합니다.

저는 가끔 어른들의 세계라는 게 몸집만 커다란 세 살짜리들이 "절 보세요, 아빠" "니네들 나 잘 보고 있어"라고 소리지르며 뛰어다니는 세상이 아닌가 생각하며 혼자 속으로 웃을 때가 많습니다. 저요? 전 물론 예외입니다. 전 성숙한 어른의 사고를 하고 그 생각에 따라 강연을 하고 책을 쓰니까요.

자, 이제 제가 말하고자 하는 바를 짐작하실 겁니다. 부모들은 자기 아이들의 신체적 욕구를 채워주지만, 단지 그것만이라면 아이들에겐 아쉬운 게 생깁니다. 아이들에겐 심리적인 욕구도 있으며 그건 단순하지만 꼭 필요한 것입니다. 아이는 인간으로서의 어떤 자극이 필요합니다. 자극이 필요하다고 해서 텔레비전 앞에 앉혀놓으란 얘기는 아닙니다. 아이들이 행복해지려면 애정과 관심과 칭찬이 곁들여진 매일매일의 대화가 필요하다는 겁니다. 이것이 제대로 주어지면, 그리고 그 내용이 엄마와 아빠가 산더미 같은 집안일이나 신문에 파묻혀 퉁명스럽게 내뱉는 말이 아니라면, 아이는 금방 행복해집니다!

이 책을 읽는 어떤 분들은 아이가 좀 자랐거나 이미 십대가 되어, '우리 애들이 관심 끌려고 하던 못된 짓들이 이미 버릇이 되어버렸는데, 이 경우에도 이런 내용이 적용될 수 있을까?' 하고 생각하실 겁니다.

여기 그분들을 위한 이야기가 있습니다.

쥐와 인간에 관하여

수년 전만 해도 심리학자들은 하얀 실험용 가운을 입고, 주로 쥐를 대상으로 실험을 했다. (요즘은 심리학자들이 트위드 재킷을 입고 주로 젊은 여성들을 대상으로 연구한다—확실히 진보했다고 할 수 있다!) '쥐 심리학자'들은 어린이를 대상으로 해서 실험할 수 없는 주제를 쥐를 가지고 실험함으로써 행동습성에 대해 많은 것을 발견해냈다. 계속 읽다 보면 이것이 무엇을 뜻하는지 알게 될 것이다.

어느 실험에서 연구자들은 쥐들에게 먹이와 물을 주고 조그만 손잡이가 있는 특수 우리에서 살게 했다. 쥐들은 먹고 마시고 이리저리 뛰어다녔고 나중엔 누구나가 물어볼 만한 질문을 갖게 되었다. '이 조그만 손잡이는 뭐지?' 쥐들은 손잡이를 눌렀다. (인간인 어린이와 마찬가지로 쥐들도 이것저것 건드려보며 논다.) 그러자 우리에 있는 조그만 창문이 열리면서 우리 밖에서 돌아가는 영사기의 화면이 보이는 게 아닌가. 화면이 미키마우스의 한 장면이었는지도 모른다. 어쨌든 창문은 곧 닫혔고 쥐들이 영화를 더 보려면 손잡이를 다시 눌러야 했다.

쥐들은 영화를 계속 보기 위해 손잡이를 열심히 눌러댔다. 이로써 행동의 첫번째 원칙을 알 수 있다. 쥐처럼(또는 인간의 아이들처럼) 지능이 있는 존재들은 뭔가 흥미로운 것을 좋아하며 이것은 또 두뇌계발에 도움을 준다.

그러고 나서 연구원들은 쥐들을 다른 우리에 집어넣었다. 이 우리에는 음식과 물이 있었으나 손잡이도 창문도 없었다. 쥐들은 처음 한동안 잘 지내는 듯싶더니 곧 난폭해지기 시작했다. 벽을 긁어대고 싸우고 털을 비벼대는 등 꽤나 못된 행동을 하는 거친 쥐들이 되었다. 여기서 우리는 두번째 원칙을 알 수 있다. 쥐처럼(또는 인간의 아이들처럼) 지능이 있는 존재들은 지루함을 못 참아낸다. 설사 어리석고 파괴적인 행동이라 하더라도 뭔가를 해야만 직성이 풀린다.

이제 마지막 단계로 연구원들의 실험이 잔인해졌다. 이번에는 우리에 음식, 물과 함께 바닥에 배터리와 연결된 조그만 전선을 설치한 것이다. 그 전선에는 시간 간격을 두고 전기충격이 전해졌다. 그 전기충격은 쥐들이 고통은 느끼지만 죽지는 않을 정도였다. (이제 왜 어린이들이 실험대상이 아닌지 알 수 있을 것이다.)

드디어 흥분의 순간이 왔다. 쥐들을 우리 밖으로 내몰고, 자기네가 원하는 우리를 선택해서 들어가게 했다. 쥐들이 가장 선호한 우리와 두번째로 선호한 우리의 순서는 독자 여러분이 맞힐 수 있을 것이다. 그 우리의 종류를 다시 정리해보자.

- 음식, 물, 영화가 있는 우리
- 음식과 물만 있는 우리
- 음식, 물, 전기충격이 있는 우리

여러분은 쥐들이 선호한 우리의 순서를 어떻게 꼽았는가? 물론 쥐들은 영화가 있는 우리를 제일 선호했다. 그러나 흥미로운 부분은 쥐들이 두번째로 선택한 우리이다. 쥐들은 음식과 물만 있는 우리보다 전기충격이 있는 우리를 선호한 것이다.

여기서 우리는 세번째 원칙을 알 수 있다. 쥐처럼(또는 인간의 아이들처럼) 지능이 있는 존재들은 아무 일도 일어나지 않는 것보다 차라리 나쁜 일이라도 일어나기를 바란다는 것이다.

앞의 얘기를 바꾸어 말하면, 설령 고통스런 일이라도 일어나는 편이 아무 일도 일어나지 않는 것보다는 더 낫다는 것입니다.

아이들의 입장에서 봅시다. 그냥 무관심의 대상이 되는 것과, 꾸중이나 야단을 맞고 한대 쥐어박히기라도 하는 것 중 어느 쪽을 택할까요? 여러분의 자녀들은 뭘 선택할까요? 물론 애정 어린 관심을 최소한 하루에 두 번씩만이라도 받는다면 이런 얘기는 다 쓸데없는 것이지요. 이에 관한 일화를 하나 더 소개하면서 이 얘기를 마무리하려 합니다. 이번엔 쥐가 아니라 어린이들에 관한 이야기입니다. 여러분은 쥐나 아이들보다 훨씬 영리하실 테니 따로 더 설명이 없어도 되겠지요!

어느 활동적이고 사교적인 부부에게 아홉 살, 열한 살 된 두 아들이 있었다. 아이들에겐 지하에 놀이방이 따로 마련되어 있었는데 그 방엔 당구대, 청량음료가 가득 찬 냉장고, 전축 등이 잘 갖춰져 있었다. (당시에 비디오 게임이 있었다면 게임기도 물론 갖춰져 있었을 것이다.) 그러나 이렇게 시설이 잘 갖춰진 놀이방이 있음에도 불구하고 형제는 항상 싸웠다. 부부가 저녁을 초대한 손님들에게 민망할 정도였다. 부부는 두 형제를 행동발달연구소에 데리고 가서 심리학자에게 도움을 청했다. 심리학자들은 "글쎄요, 쥐의 행동패턴에 대해서는 많이 알긴 하지만…… 일단 문제를 함께 봅시다" 하고 준비를 시작했다. 부부는 그 준비작업을 보며 고개를 갸웃거렸지만 아이들 때문에 사교생활에 막대한 지장이 있었으므로 일단 적극적으로 협조했다.

한 팀의 심리학자들이 와서 집안 여기저기에 공책과 스톱워

치를 들고 자리를 잡았다. 그날 저녁엔 집에서 칵테일 파티가 있었는데 몇 명의 심리학자는 파티가 열리는 2층에서 관찰을 하고 몇 명은 아이들이 있는 아래층에 조용히 앉아서 관찰을 하며 상세한 기록을 했다. 저녁 7시경 위층의 관찰자들은 어머니가 아래층을 흘낏거리며 남편을 쳐다보는 것을 기록했다. 그 때 아래층의 관찰자들은 여태까지 게임을 하며 장난감을 갖고 놀던 두 형제가 막 싸움을 시작한 것을 기록했다. 그런데 그 싸움이 조금 이상했다. 마치 무대 위에서 쇼 하듯이 싸우는 것 같기도 하고 춤추는 것 같기도 했다. 진짜 싸움같이 느껴지는 것은 떠들썩한 소리뿐이었다. 관찰자들 앞에서 평상시와 같이 행동할 것(쉬운 일은 아니지만)을 미리 지시받은 아버지는 아이들을 호되게 꾸짖었다. 심리학자들은 이 모든 것을 열심히 기록했다. 그들은 한 가지 특이한 점에 주목했는데, 그것은 일찍이 쥐를 대상으로 한 실험에서는 보지 못했던 것이었다. 즉 소년들은 아버지한테 꽤나 혼이 나고 있었으나, 그들의 입가 근육이 묘하게 씰룩거리는 것이었다. 심리학자들이 '모나리자의 미소' 라고 이름 붙인 이 현상은 후에 상당히 유명해졌다.

아동심리학자들은 이 반쪽짜리 미소가 '난 지금 기분이 안 좋고 후회하고 있는 모습을 보여야 돼. 그런데 말이지, 난 이게

재미있거든!' 이라는 뜻을 담고 있음을 알게 되었다. 부모들은 이것을 짐작도 못 한 채 "내가 너한테 얘기할 때는 딴 생각 하지 말고 똑바로 들어!"라고 상투적인 꾸중만 할 뿐이다.

다시 앞의 얘기로 돌아가면, 아이들은 여느 때보다 더 아버지의 관심을 끌게 되어 즐거운 기색을 감추느라 애쓰고 있었다.

심리학자들은 실험실로 돌아가 상세한 보고서를 작성하고는 그 부모를 만나 다음과 같은 결론을 말했다.

"사교생활 때문에 너무 바쁘시군요. 아이들이 원하는 건 더 많은 관심이었습니다. 보통 이 또래의 남자아이들은 아빠를 무척 좋아합니다. 이 시기에 아빠를 보며 남자가 되는 법을 배우기 때문이죠. 그래서 아이들이 아빠의 관심을 끌려고 '싸움'을 한 겁니다."

심리학자들의 결론은 옳았다. 그러나 그들은 그 부부를 잘 모른 게 분명하다. 왜냐하면 그 부부는 "애들이 아빠에게 야단맞는 걸 좋아하다니요? 그런 엉터리가 어디 있담" 하고 반응했기 때문이다. 여러분이 알고 있는 '쥐와 전기충격 실험'이나 '모나리자의 미소' 같은 것을 그 부부는 몰랐던 것이다.

부부는 아이들을 다른 심리학자에게 데려갔고, 그 심리학자는 아이들이 밤에 꾸는 꿈을 2년 동안이나 분석했다. 부부는 결국 포기하고는 아이들이 아버지와 함께 골프를 치게 했다. 아버지와의 골프가 모든 문제를 해결했음은 말할 필요도 없다.

이 이야기를 쉽게 정리해볼까요?

1. 아이들은 지루해지면 말썽을 피운다.

아이들을 자극할 수 있는 방법엔 뭐가 있을까요? 아이들이 '우리에 갇혀 있다'는 느낌을 갖지 않도록 하는 겁니다. 축구공이라도 들려서 근처 공원에 보내거나, 친구를 놀러오게 하거나, 놀이그룹에 끼게 하거나, 장난감 대여점에서 장난감을 빌려오거나, 온갖 잡동사니가 들어 있는 상자를 가지고 이런저런 놀이를 하게 하면 좋을 것입니다.

2. 아이들은 자기가 사랑받고 있지 않다고 생각될 때 말썽을 피운다.

여러분은 매일매일 아주 잠깐이라도 아이들에게 집중해서 관심과 사랑을 담은 스킨십을 나누고 있습니까? 그리고 그때 아이들에게 안정감이 전해질 만큼 여러분 자신이 여유 있고 행복한 상태입니까?

3. 아이들은 주목을 받기 위해 말썽을 피운다.

부모의 주의를 자기에게 돌리고 나서 아이가 '모나리자의 미소'를 짓는지 한번 확인해보십시오. 만약 아이가 그 미소를 짓는 것 같으면, 아이가 '착하고 바른' 일을 해서 부모의 관심을 끌 수 있게 유도해야 할 것입니다.

말하기는 아이들의 머리를 좋게 해주는 양식

학교 갈 무렵이 되면 어떤 아이들은 말을 굉장히 잘하고 다양한 어휘를 구사한다. 반면 어떤 아이들은 언어발달이 느리고 사용하는 단어가 매우 한정되어 있다. 이것은 아이들에게 상당한 피해를 가져오는데, 교사들은 종종 아이들의 언어발달 상황을 보면서 지능과 학습능력을 판단하기 때문이다. 따라서 낭신의 자녀가 의도적이든 아니든 '지진아'로 낙인찍히는 것이다.

어떻게 하면 아이들이 말을 잘하게 도울 수 있을까? 그리고 왜 아이들간에 차이가 생기는 것일까?

이미 1950년대부터 밝혀진 사실은 부모가 자녀에게 얘기를 하는 방식이 크게 두 가지로 나뉜다는 것이다. 어떤 부모들은 아이에게 말을 할 때 굉장히 퉁명스럽고 짤막하게 한다. "진섭아, 그 문짝 닫지 못해!" "이리 와!" "먹어" 등등. 어떤 부모들은 그 반대다. "우리 귀여운 민수, 문 좀 닫아줄래? 바람이 많이 불지? 네 동생 감기 걸릴라." 우리의 민수군이 꼬마 진섭이보다 더 많은 어휘를 기억하여 구사할 수 있으리란 건 누구나 짐작할 수 있다.(하긴 민수가 모르는 거친 단어들을 진섭이는 더 잘 알 수도 있다.)

요즘 대부분의 부모들은 아이들에게 말을 걸고 이런저런 설명도 하고 아니면 그냥 재미로 수다를 떨기도 한다. 아기들도 이런 재잘거림을 듣기 좋아하며, 두세 살배기 아이들도 자기들이 말할 수 있는 어휘보다 훨씬 더 많은 어휘를 듣고 이해한다.

아이들의 머리를 좋게 하는 기초 단계는 다음과 같다.

1. 임신중에 태아가 온갖 소리를 듣게 한다. 엄마는 기분 내키는

대로 노래를 하거나 흥얼거려도 되고 음악을 틀어도 좋다.(상당히 크게 틀어도 괜찮다.)

아빠들의 경우, 아내의 배에 입을 대고 아기에게 말을 걸어도 좋다. 이렇게 함으로써 아기들은 아빠의 목소리에 익숙해져 편안함을 느끼고, 나중에 아빠가 아기를 돌볼 때도 쉽게 적응한다. '반복'과 '친근함'이라는 두 가지 요소가 중요하다. 산모가 임신기간중에 어떤 TV 연속극을 즐겨 시청했는데, 그 드라마 주제곡이 태아를 안정시키는 데 효과가 있었다는 연구 결과도 있다.

2. 태어난 아기에게 같은 식으로 계속 얘기를 하고 노래를 들려주고 음악을 틀어줄 것. 부드럽게 흔들어주는 것은 아기들을 즐겁게 하면서 리듬감을 키워준다. 이 리듬감은 말하기에 있어 중요한 요소이기도 하다. (영화 필름을 빠르게 돌리면 사람들이 말을 하면서 온갖 손짓, 몸짓을 하는 것을 보게 된다. 요컨대 우리가 말을 하면서 정지동작을 취하는 경우는 거의 없다.) 아기를 포대기로 업거나 유모차에 태우고 걷는 것은 좋은 기회가 될 수 있다. 아기들과 그렇게 시간을 보내며, 지금 하고 있는 일을 간단한 말로 설명해준다.(이때 아이들이 옹알거리게 마련인 유아어를 부모가 쓰지 않도록 하라.) 아이들이 그 설명에 나온 단어를 입밖에 내면, 자연스럽게 반복하면서 연습시킨다.

3. 아이의 언어가 점점 발달해갈 때에는 아이가 한 말을 반복하거나 한마디씩 덧붙여준다. 그러면 아이는 자기가 한 말에서 타인의 반응을 얻고, 또 어휘를 제대로 사용할 수 있도록 도움을 받게 된다. "까까!" "과자 줄까?" "까까 줘!" 잠시 후, "까까 빨리 어?" "과자 빨리 달라구?" "과자 빨리 줘" 등의 식이다.

이런 연습을 압박감이나 높은 기대감 없이, 게임하듯 가볍게 한다.

최근에 천재적으로 머리가 좋고 온실 속의 화초처럼 애지중지 키워진 소위 영재들을 인터뷰한 TV 프로그램을 보고 마음이 착잡했던 적이 있다. 그 아이들은 물론 대단한 성취를 이루었으나 그중 몇 명은 어른이 되어 이상한 괴짜가 되고 말았다는 얘기도 나왔기 때문이다. 그런데 그중 어떤 가족의 이야기가 시선을 끌었다. 그 가족은 자녀양육을 하는 데 있어 자연스러움과 균형을 잘 조화시키고 있었다. 여덟 살부터 열여섯 살까지 딸만 넷인 그 집 아이들은 모두 붙임성이 있고 느긋하며 겸손하면서도 자기 분야에서 뛰어난 두각을 나타내고 있었다. 맏딸의 경우 담임 선생님의 권유로 초등학교를 월반하여(그 부모는 아이가 초등학교를 계속 다니는 것에 불만이 전혀 없었다) 척추세포 손상에 대한 박사학위 논문을 쓰고 있었다. 그 부모에게 아이를 그런 천재로 키운 비결을 물으니, 아버지가 "절대로 유전은 아니에요. 전 그저 평범한 사람이거든요"(사실 그는 상당히 평범해 보였다)라고 대답하고 거기에 덧붙여 어머니가 "우린 그저 아이들에게 이런저런 설명을 해주었을 뿐이에요……" 라고 했다. 예를 들어 집에서 진공청소기로 청소를 할 때, 그녀는 아기를 등에 업고 온갖 설명을 했다고 한다. 지금 그녀가 무슨 일을 하고 있는지, 청소기의 소음은 청소기 안의 모터가 내는 소리라는 것, 그 모터는 전기로 움직이며 빠르게 회전한다는 것, 그래서 공기가 빨려들어가면서 그렇게 큰 소리가 난다는 것 등…….

여기에서 그 어머니의 태도가 밝고 자연스러웠으리라는 것을 짐작할 수 있을 것이다. 엄격한 선생 흉내를 내가며 딱딱하게 강의를 하는 게 아니라 "얘, 이것 재미있지 않니!" 하는 식으로 말이다. 어린아이들과 차를 타고 가거나 쇼핑을 하는 것은 지루한 일이 될 수도 있지만, 이런 식으로 이야기를 나눈다면 부모와 아이 모두에게 재미있는 일이 될 것이다.

아버지 노릇—함께 같이 하는 것

아들이 어렸을 적에 우리 가족은 조용한 시골에서 살았다. 우리 집은 우체국과 잡화점에서 500미터 정도 떨어져 있었는데, 나는 날씨가 맑은 날 우편물을 직접 받으러 우체국까지 10분 정도 걷는 것을 즐거움으로 삼고 있었다. 그런데 두 살배기 아이를 데리고 다녀야 한다면 얘기는 달라진다. 두 살배기 아이가 생각하는 방식은 어른과 완전히 다르다. 아이들은 '장기적인 목표' 따위의 개념은 이해하지도 못하거니와, 심지어 지금 당장 해야 되는 일(우체국 가는 것)도 전혀 관심 밖이다. 한 발짝 떼놓을 때마다 온갖 실랑이와 회유가 필요하다. "난 이 연못에서 놀다 갈래!"

그래서 한번은 상식을 벗어나서 새로운 것을 시도해보았다. 즉 완전히 아이가 하고 싶은 대로 하도록 내버려두었다. 그것이 하수구나 도랑, 죽은 벌레, 웅덩이, 바위 등 그 어떤 것이라도 상관하지 않았다.(이런 어린 시절의 경험이 미래의 직업과 어떤 상관관계가 있다면 우리 아들은 훌륭한 하수도 배관공이 될 것이다.) 어쨌든 얘기가 무척 길지만, 결론부터 말하면, 우체국까지 가는 데 두 시간 반이 걸렸다! 한번 그러고 나니까 나도 이 산책이 재미있어지기 시작했다.

가족관계에 대해 잘 알려진 것 중의 하나는 아이들—특히 남자아이들—에게는 아버지가 곁에 있는 것이 무척 중요하다는 점이다. 이때 아버지들은 어머니들이 해줄 수 없는 어떤 특별한 것을 아이들에게 제공한다. 가장 중요한 것은 아버지와 함께 있다는 것은 '같이 무언가를 한다'는 것이다. 그것은 TV 드라마

〈월튼네 사람들〉(오래 전에 인기를 끌었던 미국의 가족 드라마—옮긴이) 같은 프로그램이나 영화 같지는 않다. 〈월튼네 사람들〉에서는 아버지와 아이가 앉아 '마음과 마음이 통하는 대화'를 나눈다. 아마 미국에서는 예전에 그런 게 가능했는지 모르겠다.(만약 그랬다면 그들은 운이 좋은 거고.) 오스트레일리아 사람들의 경우는 절대로 아니다! 그렇게 얼굴을 바짝 마주대고 가까이 앉는다는 것 자체가 두드러기 나는 일이라고 여길 것이다. 내가 얘기해본 사람들 중에서 자신의 아버지와 좋은 관계를 유지하고 있는 몇몇은 이와는 다른 방식으로 대화를 나누고 서로의 얘기에 귀기울였다고 한다. 즉 함께 차를 고치거나 양떼를 몰며 얘기를 나누는 방식을 통해 서로의 마음을 터놓고 신뢰를 쌓아갔던 것이다.

이 작업들이 상당히 전원 지향적이라는 사실은 주목할 만하다. 사실 도시에서는 아버지와 아들이 함께 달려들어 할 만한 일들이 별로 없다. 쓰레기를 밖에 내놓는 정도의 일밖엔 없는 것이다. 내가 얘기해본 도시의 부모들은 자녀들을 체육관에서 발레 교습소로 또 피아노 교습소로 데려다주면서 짧은 대화의 시간을 가진다. 시간에 쫓기며 다음 목적지로 데려다주면서 아이들이 잘해내고 있는지, 아이들이 무슨 생각을 하는지 알아볼 기회를 갖는 것이다.

아버지들에게는 아이들과 무언가를 한다는 것이 무척 중요하다. 이렇게 함으로써 아이들과 가까워질 뿐만 아니라 대화도 훨씬 깊이 있게 나눌 수 있다. 마음속의 고민들이 툭툭 튀어나오는 이런 기회를 이용하여, 다정한 성격의 아버지라면 아이들의 인생행로에 큰 영향을 줄 수도 있다. 이것은 아이들의 인생

방향을 할리우드 영화나 동년배 친구들에게 맡겨버리는 것보다는 훨씬 나은 일이다. 아이들과 함께 무엇인가를 한다면, 다음의 규칙이 필요하다.

1. 반드시 어떤 결과를 이루어낼 필요는 없다.

특히 아이가 어린 경우(앞에서 얘기한 '우체국 가는 길'의 경우처럼)에는 목표에 집착하지 말아야 한다. 예를 들어 아이에게 스크류 드라이버 사용법을 가르친다면 문짝을 금방 달겠다고 생각하지 않는 게 좋다. 그냥 되는 대로 하라. 아이들은 당연히 헤맬 것이다. 일의 속도가 느려지는 것은 나중에 만회하면 된다.

2. 편한 시간을 고를 것.

아이들과 함께 화단에 씨뿌리기를 할 경우 한치의 흐트러짐이 없는 완벽한 정원으로 만드는 것은 거의 불가능하다. 아이들과 함께 할 것인가 아니면 완벽하게 일을 끝낼 것인가는 당신이 결정지어야 한다. 두 가지를 다 욕심낸다면 초조해진다. 마당에 쌓인 낙엽을 완벽히 쓸어내는 대신, 적당히 쓸어내면서 함께 재미있는 시간을 가지는 정도로 할 것. 그렇게 하면 아이들은 '아빠와 함께 하는 마당 치우기'를 즐거운 일로 여기고 10년쯤 지나서는 스스로 쌓인 눈을 쓸거나 낙엽을 치우겠다고 자청할 것이다.

3. 부모 노릇을 즐길 것—아이들은 금방 자란다.

아들이 태어났을 때 나는 삼십줄에 들어서 있었으므로 부모 노릇은 금방 끝나버리고 만다는 것을 잘 알고 있었다. 내가 일을 할 때 아이가 곁에서 어슬렁거리면, 나는 함께 있는 것 자체에 기쁨을 느끼며 이것저것 가르치는 기회로 삼았다. 물론 컴퓨터로 글을 쓸 때는 예외지만.

결론은, 아버지로서 당신은 무엇이 더 중요한지 그때그때 판단해야 한다는 것이다. 우선순위가 때로는 아이일 수도 있지만 때로는 아닐 수도 있다. 아이가 우선일 때는 아이들이 당신 일에 방해가 되고 일이 더뎌지게 할 수 있으나, 그 동안 당신은 아이들이 가져다 주는 조그만 기쁨들을 새삼 발견하게 될 것이다. 아이들과 함께 하는 시간은 결코 시간낭비가 아니다.

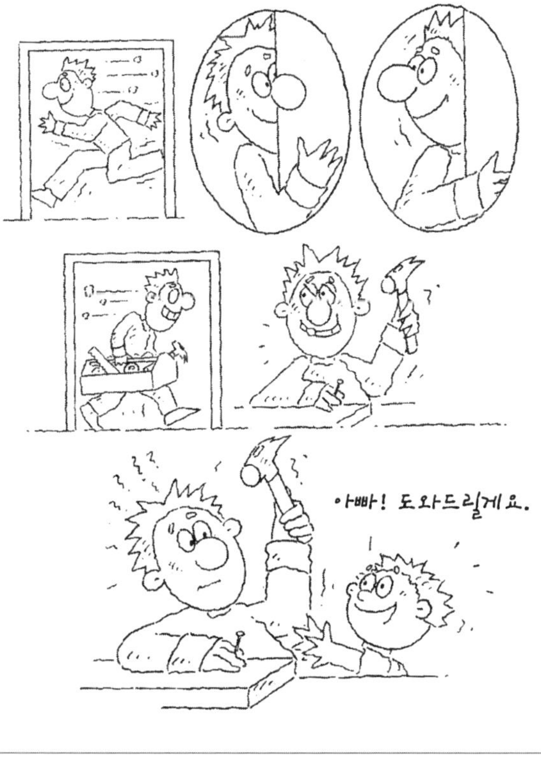

3 귀기울이기

—아이들이 험난한 세상을 헤쳐갈 수 있도록 도와주는 방법

아이가 시무룩합니다. 학교에서 무슨 일이 있었거나, 친구 혹은 다른 누군가와 무슨 일이 있었는데 어떻게 도와야 할지 모르는 상황입니다. 부모로서 아이가 자기 문제를 해결하고 더이상 상처받지 않았으면 합니다. 이 장에서는 어떻게 하면 그런 문제를 해결할 수 있는지를 다룰 것입니다.

아이들에게 세상은 불공평하고 험난한 곳입니다. 부모들이 아무리 애를 쓴다 해도 곳곳의 그 험한 구덩이들을 일일이 메워줄 수가 없지요. 할 수도 없는 일이지만 해서도 안 되는 것은, 사실은 아이들이 자기 주변의 까다로운 사람들과 어려운 상황을 접하면서 성숙해지고 독립적인 한 어른으로 성장하기 때문입니다.

우선 아이들에게 위기가 닥쳤을 때 삼가야 하는 말들을 살펴보겠습니다. 그런 말들은 여러분과 아이 사이에 벽을 만들어버립니다. 그런 후에 효과만점인 '적극적으로 귀기울이기'에 대해 말하려고 합니다. 이 '귀기울이기'는 부모들이 자녀들의 인생문제를 다루는 가장 긍정적인 방법이라고 할 수 있습니다.

부모란 아이들이 피신할 수 있는 '안전한 항구' 역할을 하기 때문에, 아이들은 자주 이런저런 문제를 들고 와 도움을 구합니다. 여러분이 여기에 어떻게 대처하느냐에 따라서 부모와 자녀 사이에 두터운 신뢰가 형성되기도 하고 깨뜨리기 어려운 벽이 생기기도 합니다. 다음의 말들은 부모들이 가장 일반적으로 나타내는 세 가지 반응인 동시에 마음의 벽을 쌓는 표현들입니다.

과보호

"어머, 그거 참 안됐구나.
자, 엄마가 다 해결해줄게."

훈계하기

"쯧쯧, 네가 못났으니까 이런 말썽이 생기지. 어떻게 해야 될지 가르쳐줄 테니까, 내 말 잘 들어……."

혼란스럽게 하기

"아이구, 그랬어? 신경 쓰지 말고 나가서 야구나 하고 놀아."

여러분은 어떤 스타일인가요? 아이를 구하기 위해 달려드는 편입니까? 아니면 교훈을 늘어놓든가 화제를 바꿔버리시는지요?

이 세 가지 스타일을 자세히 살펴보도록 합시다.

과보호

"오늘 어떻게 보냈니?"

"짜증났어요."

"저런, 왜 짜증이 났어? 이리 와서 말해봐."

"새로 오신 수학 선생님이 있는데요, 수업 따라가기가 벅차요."

"아니 어쩜 좋아, 정말 안됐구나. 저녁 먹고 나서 도와줄까?"

"책을 학교에 두고 왔어요……."

"그럼 내가 내일 학교에 전화해서 교장 선생님께 말씀드려야겠다."

"어, 왜요……."

"선생님이 수업을 어렵게 하면 안 돼잖아, 안 그러니?"

"글쎄요……."

"난 네가 학교문제 때문에 고생하는 걸 원치 않는단다."

"어어……."

훈계하기

"오늘 어떻게 보냈니?"

"짜증났어요."

"쯧쯧, 넌 어째 맨날 불평만 하니. 나 같으면 누가 편하게 공부만 하라고 그러면 너무 좋을 텐데. 공부하는 게 왜 재미가 없니?"

"그게요, 짜증나잖아요, 멍청한 수학 선생이 새로 왔는데 말이에요……."

"선생님을 어떻게 그런 식으로 말할 수가 있어? 이 녀석아, 수업시간에 딴 생각 하지 말고 선생님이 알아듣기 어렵게 말해도 찬찬히 잘 들어야 될 거 아냐. 어쩌면 그렇게 참을성도 없이 네

멋대로 하려고 그러니."

"어휴……."

혼란스럽게 하기

"오늘 어땠니?"

"짜증났어요."

"얘, 다시 생각해봐. 뭐가 그렇게 나빴어? 도시락 맛있었니?"

"응, 도시락 맛있었어요. 근데 수학이 좀 걱정돼서요……."

"얘, 네가 무슨 아인슈타인이라도 되니. 엄마랑 아빠가 수학 천재도 아니고. 그깟일로 기죽지 말고 가서 TV나 보렴."

"알았어요."

이 세 가지 예에서 몇 가지 공통점을 눈치채셨을 겁니다. 부모가 도맡아 얘기한다는 것, 대화가 금방 끝난다는 것, 아이가 진짜 문제에 대해 얘기할 기회가 없다는 것입니다. 아이의 생각이나 느낌은 대화 도중에 무시되고 부모가 지레짐작하여 문제를 '해결' 해버리거나 혹은 '해결되었다' 고 생각한다는 것이죠. 아이가 말할 기회는 점점 줄어듭니다.

적극적으로 귀기울이기

"오늘 어땠니?"

"짜증났어요."

"그래, 좀 언짢아 보이는구나. 왜 그러니?"

"어유, 수학 선생님이 새로 왔는데요, 진도를 너무 빨리 나가요."

"혹시 못 따라갈까 봐 걱정되는 거니?"

"네, 이해가 잘 안 가는 데가 있어서 그 부분을 다시 설명해 달라고 했는데, 선생님은 그냥 정신을 집중해서 잘 듣기만 했어도 알 수 있는 거라고 하시는 거예요."

"음…… 그래서 네 기분은 어땠는데?"

"기분 나빴죠, 다른 애들은 날 놀리고요…… 근데 반 아이들도 이해 못 한 건 다 마찬가지였거든요."

"그것 때문에 화난 거구나, 그 문제를 너 혼자 질문해서 괜히 혼나고 놀림받고 그래서?"

"네, 그런 일로 시선을 받거나 놀림받는 게 짜증나잖아요."

"또 그런 상황이 되면 어떻게 할 생각인데?"

"모르겠어요. 수업 끝나고 나서 선생님한테 따로 찾아가 모르는 부분을 한 번 더 여쭤봐야겠죠, 뭐."

"그게 낫겠니?"

"네, 그러면 애들 때문에 공연히 당황할 필요도 없고요. 저는 사실 선생님이 약간 초조했을 거라고 생각해요. 그래서 그렇게 진도를 빨리 나가신 거겠죠."

"너는 그 선생님 입장도 이해하고 있구나."

"그럼요, 선생님이 저희들 때문에 약간 긴장하신 거라고 봐요."
"당연하지, 너같이 똑똑한 애를 가르치려면 안 그렇겠니?"
"그럼요!"

이것이 '적극적으로 귀기울이기'의 한 예입니다. 물론 부모들에게 침묵을 지키라는 것은 절대 아닙니다. 아이의 느낌과 생각을 인정하고 아이가 곰곰이 생각할 수 있게끔 도와주면서, 부모가 어떻게 관심을 가지고 있는지를 보여주라는 겁니다. 이런 접근방법들을 쓰는 거죠.

• 특별한 사유가 없는 한 문제를 대신 해결해주지('학교에 전화하마') 않는다.

• 아이에게 어떤 도움이나 정보가 필요한 게 아니라면, 섣불리 충고('선생님 말씀을 잘 들었어야 했잖아')를 하지 않는다.

• 아이가 상습적인 불평꾼이 아니라면, 문제의 본질을 흐리거나 회피하지('자, 그건 잊어버리고 TV나 봐. 밥이나 먹든지') 않는다.

적극적으로 귀기울이기를 잘해내려면 어느 정도의 연습이 필요합니다. 오스트레일리아에서는 '부모역할훈련' 같은 프로그램이 널리 실시되고 있습니다.

많은 부모들은 이 귀기울이기 방법에 대해 무척 긍정적입니다. 아이를 언제까지나 행복하게 해줄 필요는 없으며 또 아이의 문제를 부모가 직접 나서서 해결해줄 필요도 없는 것입니다. 적극적으로 들어주는 가운데 아이를 도울 수 있고, 아이는 문제를 스스로 해결하면서 책임감과 즐거움을 느낄 수 있게 됩니다. 이 귀기울이기를 잘하는 요령은 부모가 '우리 아이가 이 문제를 직접 해결하면, 장기적으로 봐서 아이에게 도움이 될까 안 될까?' 라는 질문을 스스로에게 해보는 것입니다. 여러분이 시간과 판단력, 이해심을 아이를 위해 할애하면 아이에게 닥친 문제상황은 훌륭한 학습경험이 될 수 있습니다.

그러나 다음의 사례처럼, 가끔씩 부모가 끼어들어야 할 때도 있습니다.

제 친구의 아홉 살 난 아들이 다리를 다쳐 몇 주 동안 깁스를 했습니다. 얼마 후 깁스를 풀었지만 아직 다리가 조금 불안정한 것은 당연한 일이었지요. 아이의 학급 전체가 체육시간에 운동장을 한 바퀴 돌게 되었는데, 결국 그 아이가 꼴찌를 했습니다. 아이는 원래 달리기를 잘했었기 때문에 자기가 꼴찌라는 사실에 당황했습니다. 그런데 선생님은 아이가 깁스를 푼 지 얼마 되지 않았다는 얘기를 듣지도 않고, 꼴찌를 한 벌로 급우들 앞에서 속옷바람으로 운동장을 한 바퀴 더 돌게 했습니다.

아이는 울면서 집에 돌아와 학교에서 있었던 일을 얘기했고, 격분한 부모는 그날 밤 교장 선생님을 찾아가 체육교사의 해임을 요구했습니다. 결국 그 체육교사는 다른 학교로 전근되어 갔습니다. 또다시 그런 일이 안 생기기를 바랄 뿐이지만 모를 일이지요.

이런 경우에 부모는 반드시 개입을 해서 자기방어 능력이 없는 자녀의 권리를 보호해야만 합니다. 그런데 또다른 상황에서는 아이들이 정신적인 지원만 바랄 뿐, 부모의 실제적인 도움을 원하지 않을 때도 있습니다. 그런 경우에는 개입하지 않는 게 현명하겠지요.

'그냥 들어주는 것' 은 그 자체로 강력한 치료제입니다. 상처 하나하나에 당장 반창고를 붙여주기보다는 한 발짝 물러서 있음으로써 아이들을 더 깊이 이해할 수 있게 됩니다.

> 여섯 살 난 은지는 기분이 안 좋아 보였다. 사실 지난 몇 주 내내 의기소침해 있었다. 전보다 더 자주 동생과 싸웠고 아침에 유치원 가기를 싫어했다.
>
> 은지 엄마는 문제가 뭔지 알아보기 위해 '적극적으로 귀기울이기'를 시도해보기로 했다. 딸에게 "너 슬퍼 보이는구나. 나한테 말하고 싶은 거 없니?"라고 말을 붙였다. 은지는 다가와서 엄마 무릎에 앉았으나 거의 얘기를 하지 않았다.
>
> 다음날 은지는 이제 막 걸음마를 시작한 남동생과 싸운 벌로 화가 가라앉을 때까지 자기 방에서 몇 분 동안 혼자 있어야 했다. 그날 저녁, 아빠가 은지에게 "너 오늘 시무룩해 보이는데" 하고 말을 걸었다.
>
> 은지는 엄마를 뚫어질 듯 쳐다보다가 울음을 터뜨렸다. "애들이 나보고 얼굴이 이상하다고 놀려요." 그러고는 10여 분 동안이나 계속 울었다. 딸이 우는 동안 은지 엄마는 은지의 주의를 다른 곳으로 돌리거나 달래주고 싶은 것을 꾹 참았다. 은지는 얼굴에 흉터가 하나 있었고 좀더 자라면 성형수술을 받을 예정이었지만 그때까지는 흉터를 어떻게 할 수 없었던 것이다.
>
> 쌓였던 울분과 나쁜 감정들을 다 쏟아내고 나자 은지는 차분해졌고, 곧 유치원에도 잘 가고 친구들과도 잘 어울리게 되었다.
>
> "엄마, 나 못생긴 거 아니지, 그치?"
>
> "암! 절대로 아니고말고. 넌 내 보물인걸!"

때때로 아이들은 부모가 뭘 해주기를 바랄 때가 있습니다. 그런 경우 아이들은 곧바로 도움을 청해야 하지요.

열네 살의 인호는 굉장히 쑥스러워하며 부엌에서 한참을 맴돌았다. 결국 멋쩍어하며 엄마에게 실토를 했는데, 자기보다 나이 많은 여자애가 함께 하룻밤을 보내자고 했다는 것이다! 인호의 엄마는 당장 그 여학생을 찾아가 혼내주고 싶은 충동을 애써 참으며 말했다.

"저런, 어떻게 해야 할지 생각해봤니? 너 확신이 안 서는 모양인데 말야."

"글쎄, 잘 모르겠어요, 엄마…… 엄마가 저에게 금족령을 내린 걸로 해주세요, 예?"

인호의 엄마는 즐겁게 금족령을 내렸고 인호는 안심했다. 학교에서 그 여자애와 마주쳐도 핑곗거리가 생긴 것이다. 인호 엄마는 나중에 털어놓기를, 당장 밖에 못 나가게 막고 싶었지만 그보다 먼저 인호 스스로 결정을 내리게 하고 싶었다는 것이다. 인호 엄마 만세!!

4 아이들과 감정

—아이들 마음속에서 일어나는 일

아마도 이쯤에서 고백하는 게 나을지도 모르겠습니다. 책의 제목이 '아이에게 행복을 주는 비결'이라니, 좀 이상주의적인 소리가 아닐까요?

어른들의 세계로 따져보자면, 어느 누구도 내내 논스톱으로 행복해지기를 원치 않을 것입니다. 아이 역시 내내 행복하기만 하다는 건 뭔가 잘못된 것입니다. 만약 여러분이 아이들을 언제나 행복하게만 지내도록 노력한다면 여러분 자신이나 아이들 모두 꽤나 지루할 것입니다.

부모들이 진정으로 아이들에게 원하는 것은 아이들이 살아가면서 느끼게 될 온갖 감정들을 잘 다루면서 앞으로 나아가는 것입니다. 그 최종 목표는 기쁨이지만, 인생의 희로애락 속에서 편안함을 느끼고 또 그 감정들을 경험하는 것이 목표를 이루는 최선의 방법이리라 믿습니다.

최근까지 이 사회에는 '감정'에 대한 올바른 이해가 결여되어 있었습니다. 그리고 이제야 '남자는 울지 않는다'라든가 '화를 벌컥 내는 건 숙녀답지 못하다' 등의 믿음이 통용되는 시대를 벗어났습니다. 인간의 감정이 어떻게 작용하는지를 포괄적으로 공부하기 전에, 감정이라는 것에 대해 한두 가지만 제대로 이해해도 지금 당장 큰 도움이 된답니다. 다행히 '감정에 관한 여러 가지 사실'이 이제는 그런 대로 정확히 잘 알려져서, 부모나 자녀들에게 내면의 평화와 활력을 얻게 하고 따라서 정신적으로 건강해지는 데 도움이 되고 있습니다.

우리는 감정으로 무엇을 표현하는가?

감정은 우리가 어떤 특정한 상황에 놓일 때 경험하는, 독특하게 몸으로 느껴지는 감각 혹은 기분을 망라해서 일컫는 말입니다. 아주 미약한 것에서부터 대단히 강하게 느껴지는 것까지 감정의 농도도 여러 가지가 있지요. 감정은 우리가 인생의 갖가지 사건들을 접할 때마다 발생하는데 그런 경험들이 합쳐지고 겹쳐져 결국 우리는 늘 감정이라는 것을 느끼며 살게 됩니다. 우리는 항상 무엇인가를 느끼며 살아가고 있으며, 그것은 우리가 살아 있다는 증거이기도 합니다!

가장 기본적인 감정으로는 분노, 두려움, 슬픔, 기쁨을 들 수 있습니다. 다른 모든 감정들은 이 네 가지가 각기 다른 모습으로 섞인 것일 뿐입니다. 마치 빨강, 노랑, 파랑의 삼원색이 섞여서 갖가지 빛깔들이 나오듯이 말이죠. 네 가지 기본 감정들이 섞여 수천 가지의 감정이 생겨납니다. 질투의 경우를 보면 분노와 두려움이 섞여 있고, 그리움의 경우에는 기쁨과 슬픔이 섞여 있습니다. 이런 감정들을 느끼며 사는 우리 인간은 정말 희한한 존재가 아닐 수 없겠죠?

갓난아기 때는 감정이 막 형태를 갖추어가는 시기입니다. 관찰력이 있는 부모라면 아기들이 굉장히 이른 시기부터 느낌을 하나하나 분명하게 표현하는 능력이 발달해가는 과정을 지켜보게 됩니다. 두려움의 떨림, 슬픔의 눈물, 화가 나서 새빨간 얼굴, 기쁨에 찬 의기양양한 웃음…….

아기들은 길들여지지 않은 상태에서 거리낌없이 자연스럽게 감정을 표현합니다. 따라서 기분이 안 좋을 때는 그 부정적인 감정을 마구 발산시켜서 안 좋은 감정이 사라지게 합니다. 그러나 좀 더 자란 아이들은 감정이나 느낌을 어떻게 다루어야 하는지 배워야 하며, 느낌이나 감정에 의해 만들어지는 강한 에너지를 분출할 수 있는 건설적이고 긍정적인 방법을 찾아야 합니다. 아이들은 이런 일에 대해서도 부모에게 도움을 얻으려고 하는데, 해결책을 찾는 것은 곧 설명하겠지만 다행히 그리 어렵지 않습니다.

감정을 이해하는 것—왜 인간은 감정을 갖고 있고, 감정을 표현하는 가장 좋은 방법은 무엇인지, 또 감정을 표현함에 있어 피해야 할 것은 무엇인지—은 아이와 함께 행복한 생활로 나아가는 열쇠입니다.

감정은 왜 생기는가?

때로 우리는 차라리 아무것도 안 느꼈으면 하고 바랄 때가 있습니다. 특히 큰 고통을 안겨주는 분노라든가 슬픔 같은 부정적인 감정들이 그렇지요. 왜 조물주는 인간이 이렇게 격렬한 감정들을 갖게 만들었을까요? 다시 설명하겠지만, 감정들은 각자 맡은 바 중요한 임무가 있습니다.

우선 분노를 살펴보지요. 왜 그런지는 모르겠지만 아무튼 절대로 화를 내지 않는 사람이 있다고 가정합시다. 절대로 화를 내지 않도록 키워졌다고 말이지요. 어느 날 이 사람이 쇼핑센터 주차장에 서 있는데 차가 한 대 오더니 이 사람 발등 위로 주차를 했습니다. 완벽하게 너그러운 이 사람은 차 주인이 쇼핑을 마치고 올 때까지 발이 차바퀴에 깔린 채 거기서 기다리게 되겠지요!

분노는 우리 자신이 굳건하게 설 수 있도록 해줍니다. 그게 없으면 우리는 노예가 되거나 겁쟁이 생쥐로 살아가게 됩니다. 분노는 자기의 자유와 스스로를 지키기 위한 우리의 본능이죠.

두려움 역시 뚜렷한 역할이 있습니다. 사람들이 중앙선을 지켜가며 운전하는 이유가 무엇이겠습니까? 두려움은 지나치게 위험한 곳으로 가지 않도록 우리를 제어해줍니다. 만약 두려움이란 건 전혀 쓸모없는 감정이라고 생각한다면, 전혀 겁이 없는 사람이 운전하는 차에 타본 기억을 되살려보십시오. 두려움은 우리를 신중

하게 하고, 멈추게 하고, 생각하게 합니다. 앞에 어떤 위험이 도사리고 있는지 모를 때 우리의 두뇌로 하여금 그것을 피해가게 해주는 것입니다.

슬픔은 우리를 비탄에 잠기게 하여 우리에게 도움을 줍니다. 즉 우리가 인생에서 누군가를 혹은 무엇인가를 잃었을 때 오는 스트레스를 글자 그대로 씻어내리게끔 하는 것입니다. 슬픔으로 인해 두뇌 속에서 일어나는 화학작용은 머릿속의 고통을 없애고 새로운 인생으로 나아가게 합니다. 슬픔만이 우리로 하여금 누군가를 혹은 무엇인가를 '떠나보내게' 하고, 새로운 인생 혹은 새로운 사람과의 만남을 가능하게 해줍니다.

즉 적절히 다루어진 분노는 우리를 자유롭게 하고, 두려움은 우리를 안전하게 하며, 슬픔은 우리를 세상 및 사람들과 대면하게 하는 것입니다.

이 세 가지 감정은 우리가 행복을 느끼는 데 중추적인 역할을 맡고 있습니다. 네번째 감정인 기쁨은 위의 필요조건(자유, 안전, 만남)이 충족된 다음에야 경험하는 감정입니다.

아이들에게 분노에 대해 가르치는 법

아이들에게 이 세 가지 '부정적인' 감정들을 어떻게 이해하고 처리해야 하는지 가르치는 방법에 대해 이야기하겠습니다. 우선 분노를 봅시다.

아이들은 화가 나면 즉각 공격적이 됩니다. 이것은 자연스러운 현상이지만 이 세상을 살아가려면 어떻게든 그걸 조절하는 법을 배워야 합니다.

어른이 아이들 일에 끼어드는 것은, 아이들이 뭐가 되고 뭐가 안 되는 것인지를 배워서 나중에 어른이 되어서도 그것을 잘 활용하게끔 도와주기 위해서입니다. 그러면 잠깐 생각해볼까요? 어른으로서 분노를 처리하는 이상적인 방법은 무엇인가요? 그것은 균형입니다. 어떤 형태로든 봅시 불쾌한 경험을 했다면 큰 소리로 분통을 터뜨리는 게 차라리 낫습니다. 그렇지 않으면 폭력적으로 화를 풀게 될 수도 있습니다. 분노와 폭력은 다른 것이지만, 분노가 잘못 발전하면 폭력이 됩니다.

일단 어른이라면 분노를 누그러뜨릴 줄 알아야 하겠죠. 그래서 화가 났다는 것을 표현하면서도 그게 어떤 피해나 상처를 입히는 것이어서는 안 됩니다. 만약 아이가 화내는 경우가 거의 없다면 무기력해 보이기 쉬우며, 다른 아이들로부터 따돌림받거나 이용당하게 됩니다. 화를 너무 자주 내면 인기가 없거나 괴롭힘을 당하게 되지요. 이 균형을 맞추는 것이 아이들이 배워야 할 일입니다. 이러한 균형 잡기는 두세 살부터 가르치기 시작해서 수년 동안 연습을 하게 해야 합니다.

아이들이 분노라는 감정에 익숙해지도록 돕는 방법은 다음과 같습니다.

1. 아이들이 화를 표현할 때 행동보다는 말로 하게 유도하십시오. 아이들은 자신이 화가 났다는 것, 가능하면 그 이유까지 큰 소리로 말할 수 있어야 합니다.

2. 아이들이 자신의 느낌과 왜 그렇게 느끼게 되었는지를 연결

아이의 '감정표현' 정도를 점검해봅시다

어린이 이름

가족관계

분노를 표현하는 능력

0 전혀 표현하지 않는다
1 불끈하고 화를 내거나 공격적으로 분통을 터트린다
2 자신이 화가 났음을 똑똑하고 강한 말로 표현할 수 있다

슬픔을 표현하는 능력

0 전혀 표현하지 않는다
1 슬픔을 분노나 샐쭉함으로 전환시킨다
2 슬프다고 말하고 울거나 와서 안긴다

두려움을 표현하는 능력

0 전혀 표현하지 않는다
1 공격하거나 움츠린다든가 하는 식으로만 표현한다
2 겁난다거나 두렵다고 분명히 말하고 얘기를 나눈다

행복감을 표현하는 능력

0 전혀 표현하지 않는다
1 나이에 맞지 않는 행동을 하거나 아무 생각 없어 보이는 바보 같은 행동을 한다
2 행복하다고 말하고 춤추고 웃고 노래를 부르거나 껴안는다

이 네 가지 감정표현의 점수를 전부 더해보자.(8점 만점) 6점 이하는 감정을 표현하는 방법을 향상시키려는 노력이 필요하다.

아이의 어디가 잘못되었는지를 알게 되면, 당신은 아이를 격려하고 또 아이들이 진심으로 느끼는 게 뭔지를 얘기하도록 도

와줄 수 있다. 아이들이 아주 어린 경우에는 말로 하게 하기보다 그림을 그리게 한다. 두세 살짜리 아이들은 그림 속의 얼굴을 가리키면서 자기들이 무엇을 느끼는지 얘기할 수 있다. 이렇게 하기 위해서는 부모의 부드럽고 따뜻한 태도가 필요하다. 당신도 감정표현에 대해 연구하여, 당신 아이에게 감정적으로 정직해야 한다. 그럼으로써 안전한 방법으로 감정을 표현하는 본보기를 보여줄 수 있을 것이다.

시킬 수 있도록 도와주십시오. 분통을 터뜨리는 이유가 무엇인지 부모와 함께 이야기하며 확인하도록 해야 합니다. 어린아이들의 경우 뭐가 잘못되었는지 '돌이켜 생각하게' 만들기 위해서는 도움이 필요할 때가 있습니다.

"혜림이가 네 트럭을 갖고 가서 화가 난 거니?"

"내가 말을 다 할 때까지 기다리라고 해서 짜증난 거니?"

아이들은 공격적인 행동 대신 뭐가 왜 잘못되었는지 곧 알아차리게 될 것입니다.

3. 아이들이 느끼는 것을 충분히 알았다는 것, 그리고 부모인 당신이 그 느낌을 받아들였다는 것, 그러나 항상 아이들 뜻대로 일이 바뀌지는 않는다는 것을 주지시키십시오.

"네가 엄마 때문에 화가 날 만도 하구나. 내가 네 얘기를 제대로 안 들었거든. 하지만 지금은 듣고 있단다."

"네가 이 가게에서 기다리느라 지쳐 있다는 거 알아. 엄마도 지쳐 있어. 그렇지만 물건 산다는 게 원래 그렇단다. 남동생을 괴롭히지 않고도 네 기분이 좋아지려면 어떤 방법이 있을까?"

4. 아무리 화가 나도 누군가를 때리는 것은 절대 용납되지 않는다는 것을 가르쳐주십시오. 아이가 폭력적이 될 때마다 바로바로 그렇게 하면 안 된다고 얘기하고, 처음부터 바르게 행동해야 한다고 일러주어야 합니다.(콩콩 쥐어박기보다는 더더욱 말로 하셔야 되는 일이죠!)

5. 아이가 하고 싶은 말을 할 수 있도록 도와주십시오. 아이들은 자기가 싫어하는 것에 대해 자주 불평하기 마련입니다. 아이들이 긍정적인 성품을 가진 사람이 되기 위해서는 부모의 도움이 필요합니다.

"진섭이가 때려요."

"진섭이한테 그러지 말라고 분명하게 얘기하렴."

"혜림이가 제 자전거 가져갔어요."

"걔한테 가서 지금 돌려달라고 해. 혜림이한테 자전거는 네 것이고, 돌려받고 싶다고 말하면 돼."

6. 먼저 시범을 보이십시오. 아이들은 우리의 행동을 따라 하지, 말로 시킨다고 하지는 않습니다. 따라서 여러분이 원하는 모습을 아이들에게 행동으로 보여주십시오. 여러분이 화가 났으면, 화가 났다고 큰 소리로 말하십시오. 화가 나도 참고 참다가 끝까지 참지도 못하고 쌓인 상태 그대로를 폭발시키지 말고 아예 처음에 크게 말하는 것이 중요합니다. 일단 화가 나면, 화를 내야 합니다. 그래서 아이들이 '화'란 감정이 표현될 수 있는 것이며, 일단 표현하고 나면 풀린다는 것을 배우게 합니다. 쉬운 말로 하십시오.

"엄마 화났어."

"네가 나를 힘들게 하는구나."

"방해하지 마."

"우리가 한 약속을 네가 안 지켜서 속상하구나. 어떻게 된 거니?"

이 분노의 감정은 항상 다정하고 사리에 밝으며 감정표현을 자

제하는 부모보다는 감정을 적당히 표현할 줄 아는 부모에게서 훨씬 잘 배웁니다. 부모도 사람이라는 것을 보고 배울 필요가 있습니다.

아이들을 학대하거나 기를 꺾지 않고서도 화를 낼 수 있는 방법은 있습니다. 감정을 직접적으로 표현하고 이유를 밝혀야 한다는 것을 명심해야 합니다. 아이들이 화를 적절하게 표출할 수 있게 되기까지는 시간이 걸립니다. 아이들이 스스로를 조절하려는 기미가 보이면, 즉 아이가 다른 아이들을 때리지 않고 참는 것을 보게 될 때, 혹은 큰 소리로 "나 화났어"라고 말하는 것을 보게 될 때, 지금껏 애쓴 보람이 있는 것입니다. 어른들 중에도 이렇게 조절하지 못하는 사람이 많으므로, 여러분의 아이는 진도가 꽤 빠른 셈이지요.

슬픔에 대하여 가르치기

슬픔에 관해서 전해내려오는 민간요법이 하나 있습니다. 상황이 너무 힘들면 울어버리는 것이 정신건강에 좋다는 것입니다. 이와 정반대되는 것이 한치의 흐트러짐 없이 굳게 다문 윗입술, '남자다움' '강건함' 등입니다. 또한 아이들 사이에는 많이 울면 따돌림당하게 된다는 생각이 존재하며, 이런 경우 '울보'라는 낙인이 찍히기도 합니다.

가끔씩 우는 것은 숨쉬기만큼이나 자연스럽고 필요한 일입니다. 울지 않는다고 사람이 강해지는 것은 아니며 오히려 초조해질 뿐

입니다. 즉 과거에 집착하게 되고, 다른 사람들이 접근하기 어렵게 되고, 다른 사람의 감정이나 죽음이나 상실과 관련된 모든 것에 대해 두려움을 느끼게 됩니다. 울 줄 알고 슬픔을 풀어낼 줄도 안다면 어떤 일이라도 감당할 수 있습니다. 과학자들은 사람이 상실로 인한 심한 고통으로 울게 되면, 그 사람의 몸에서 엔돌핀의 일종인 화학물질이 분비되어서 고통을 느끼게 하는 감각기관을 차단하고, 또 고통을 치유하는 마취성분을 만들어낸다는 것을 발견했습니다. 이 화학물질은 눈물 속에도 있는데 모르핀만큼이나 강력한 힘이 있습니다.

그렇다면 아이들이 슬픔이라는 감정에 익숙해지도록 도와주려면 어떻게 해야 할까요?

우리가 이해심을 갖고 아이들을 도와준다면, 슬픔은 일종의 순서대로 진행되는 감정이 됩니다. 아이들이 우는 옆에서 함께 있어주면서 침착함을 지키면 된답니다. 가끔씩 아이들이 안기고 싶어할 때 꼭 껴안아주거나, 혼자 있고 싶어할 때 혼자만의 시간을 주면 되는 거지요.

적당한 때를 골라 "울어도 괜찮아" "할아버지가 돌아가셔서 정말 슬프겠구나" "나도 슬프단다" 등 울어도 괜찮다고 말해줍니다. 아이가 혼란스러워하거나 난처해하는 경우라면 조금 설명을 해주어도 좋겠지요. "영철이는 너랑 정말 친했잖니. 영철이가 이사 가서 네가 슬퍼하는 건 당연한 거야."

예전에 친구의 집에 갔을 때의 일입니다. 함께 굉장히 아름답고 슬픈 비디오 영화를 한 편 보게 되었습니다. 영화가 끝나고는 모두 슬픈 여운 속에 잠겨 있었고, 친구의 부인은 훌쩍였습니다. 그때 친구의 세 살짜리 아들이 파자마 차림으로 거실에 들어와서는 엄마를 껴안고 이렇게 종알거렸습니다. "슬플 때는 마음껏 울어도 괜찮아, 엄마."

아이가 두려움에 대처할 수 있도록 돕기

두려움은 사실 모두에게 필요한 감정입니다. 두려움은 어린이가 위험에 뛰어들지 않도록 해주는 무척 중요한 감정이기도 합니다. 빠르게 달려오는 자동차나, 방향을 바꾸어 달려오는 자전거를 피하는 것 역시 두려움 때문입니다. 한적한 주택가에서 지나치게 친한 척하는 낯선 사람이나 이상하게 행동하는 이들을 조심해야 한다는 것도 중요한 일이지요.

두려움의 이면을 보자면, 너무 무서워하는 것은 심각한 약점이 됩니다. 아이들은 어른에게 말을 걸 수 있어야 하고, 학교에서 발표할 수 있어야 하고, 필요한 것을 요구할 줄 알며, 남들과 어울릴 수 있어야 합니다. 어느 정도 조심만 한다면, 세상은 기본적으로 안전한 곳이라는 것을 알고 있어야 하는 거죠. 우리는 아이들이 스포츠나 친구 사귀기, 창의력 등에 관해 새로운 것을 시도해볼 수 있을 만큼 용감하기를 바랍니다.

두려움을 가르치는 데에는 두 가지 목적이 있습니다. 첫째로 그것은 집중을 할 수 있게 해줍니다. 숲길에서 몸을 곧추세운 뱀을 만나면 우리는 당장 몽상과 부주의함에서 깨어나게 됩니다. 또한 두려움은 우리를 활력 있게 합니다. 우리를 더 빨리 달리게 하고 높은 나무등걸을 뛰어넘게도 만듭니다.

아이들이 두려움에 대처하는 법을 배우기 위해 필요한 것을 '생각하기'라는 한 단어로 요약할 수 있습니다. 우리가 두려워하는 대상이 무엇인지 파악하기 위해서 우리는 생각을 합니다. 이와 대조적으로 우리는 우리가 해야 할 일이 무엇인지 계획을 세우기 위해 생각을 하고 있습니다. 직업상 오스트레일리아 이곳저곳을 비행기로 옮겨다녀야 했을 때 저는 비행기가 점점 싫어지기 시작했습니다. 비행기가 안전하지 않다고 느껴졌을 때—하늘 높은 곳에서 구름을 뚫고 날개를 이리저리 기우뚱거리는 것 등—전 스스로 생각을 정리해보아야만 했습니다. 즉 지금까지 오스트레일리아에서는 제트기 사고가 거의 없었고, 비행기 여행이 자동차 여행보다 안전하며, 전 세계에서 수천 대의 제트기가 쉴새없이 오르내린다는 것을 상기해보았습니다. 그렇게 생각하고 나니 괜찮아지더군요. 그리고 그 방법을 아이들에게도 그대로 적용했습니다.

두려움에 대처하는 기본 요령에는 다음 네 가지가 있습니다.

1. 철저하게 사실적이 될 것.

서너 살짜리 아이들은 종종 자신을 둘러싼 넓은 세상에 대해 생각하기 시작하고 온갖 걱정을 합니다. 어떤 책에는 '두려움에 가득 찬 네 살'이라고 표현되어 있을 정도입니다. 아이들과 이 문제를 놓고 이야기하되 인내심을 갖고 편안한 태도를 유지하십시오. 아이들의 직관을 믿어야 합니다. 사람이나 장소에 대한 아이들의 경계심은 가끔씩 놀라울 정도로 정확할 때가 있으니까요. 두려움은 일종의 레이더이며, 인류가 오랜 옛날부터 이런저런 위험을 잘 피할 수 있도록 해주었습니다.

2. 두려움에 관해 이야기할 것.

아이가 앞으로 일어날지 모르는, 그러나 일어나지는 않을 일에 대해 두려움을 갖고 있으면, 그 일이 실제로 일어날 확률이 거의 없다는 것을 설명해주되 어떻게 대처해야 할지도 함께 이야기하십시오. 즉 다시 안전함을 느끼기 위해서는 무엇을 해야 할지 구체적으로 이야기하십시오.

3. 아이가 비현실적인 두려움을 갖고 있다면 사실대로 이야기할 것.

동화의 나라에 살고 있지 않는 한, 아이의 침대 밑에 있는 괴물을 찾기 위해 야단법석을 떨 필요는 전혀 없습니다.

4. 두려움의 원인을 파악할 것.

아이가 계속 두려워할 때, 혹시 또다른 이유가 있는 건 아닌지 귀를 기울여보십시오. 아이가 얘기하지 못하고 있는 무엇인가가 아이를 두렵게 하는지도 모릅니다. 서로 다른 이유로 인한 두려움이 얽힌 경우 실마리를 풀기란 쉽지 않을 수도 있습니다.

현대의 아이들이 직면하고 있는 위험은 과거의 것과는 다릅니다. 개인적인 생활이 팽배한 대도시에서 잘 지내기 위해 오스트레일리아에서는 '방어적 행동훈련' 이라는 특별 프로그램이 많은 학교에 소개되어 있습니다. 이 방어적 행동훈련 교육은 어린이에게 위험한 일이 닥쳤을 때 어떻게 행동하고 어디서 도움을 받을 수 있는지를 구체적으로 가르쳐줍니다. 슬픈 일이지만 어린이들이 직면한 가장 일반적인 위험은 아동 성희롱이며, 아이가 이미 잘 알고 있는 사람이 가해자인 경우가 많습니다.(오스트레일리아에서는 아이가 원하지 않는데 껴안는다거나, 예쁘다고 뽀뽀를 하는 것을 아동 성희롱으로 간주할 만큼 이 문제의 적용범위가 상당히 넓고 엄격하다—옮긴이) 방어적 행동훈련은 두 가지 규칙을 가르칩니다. '뭔가 잘못되었거나 나쁜 일이 벌어졌다고 느꼈을 때 반드시 누군가에게 얘기해야 한다' 는 것과 '너는 항상 안전할 권리가 있다' 는 것입니다. 이 프로그램은 성희롱에 대해 아주 자세히 가르치지는 않습니다. 성희롱을 당한 경험이 있는 아이라면 그게 어떤 거라는 걸 잘 알고 있을 테고, 그렇지 않은 아이라면 지나치게 상세히 알

필요까지는 없다고 생각하기 때문이지요. 이 프로그램은 아이들에게 질문을 하거나, 학급 내의 아이 이름을 거론하지 않습니다. 아이 각자에게 사람들로부터 도움을 받는 방법을 가르쳐서, 위험에 처했을 때(혹은 처할 가능성이 있을 때) 아이들이 쉽고 정확하게 도움을 청하도록 합니다. 이 프로그램이 소개되고 난 후 아동 성희롱에 대한 신고가 획기적으로 증가되었습니다. 후에 이 프로그램이 언론에 자세히 소개되었는데, 그러고 나서는 아동 성희롱이 실제로 줄어드는 추세였습니다. 그것은 가해자인 어른들이 발각될 위험이 무척 커졌다는 것을 깨달았기 때문인 듯합니다.

이 프로그램의 강점은 매일의 일상생활에서 접하게 되는 위험들을 폭넓게 다루었다는 점입니다. 방과후 집에 왔는데 문이 잠겨 있고 집에 아무도 없다거나, 버스를 잘못 탔을 경우 등 말입니다. 성희롱과 관련된 다른 프로그램의 경우, 아이들에게 겁만 잔뜩 주고 제대로 된 정보를 주지 못하거나 그 반대로 하는 등 아이들에게 정말 필요한 도움을 주지 못하는 사례가 많습니다. 거기에 비하면, 이 프로그램은 이런 문제점들을 고려하여 균형이 잘 잡혀 있다고 할 수 있겠지요. 저는 이 방어적 행동훈련을 통해 아이들에게 '안전해지기 위해 생각하는 방법'을 어떻게 가르칠 수 있는지를 배웠습니다.

지금까지의 이야기를 종합해보면, 아이들은 생활 속에서 스스로를 보호하기 위해 어느 정도는 두려움을 느낄 필요가 있습니다. 그러나 아이들이 어른들 세계의 두려움으로 찌들어서는 안 됩니다. 그 두려움들은 우리 어른들의 몫입니다. 어른들이 아이들을 위해 할 일은 위험한 상황이 닥쳤을 때 어떻게 생각해야 하는지를 가르치는 것입니다. 아이들과 함께, 위험한 일이 터졌다고 가정하고 어떻게 할지 계획을 짜보는 것입니다. "만약 이런 일이 일어나면……" 하고 아이들이 물어보면 대답해주거나, 혹은 반대로 아이들에게 질문을 하면서 아이들이 위험에 대비하게 할 수 있습니다.

꾸며낸 감정—감정이 도구로 이용될 때

우리에게는 진실한 감정과 허위로 '꾸며낸' 감정을 구별할 수 있는 직관이 있습니다. 아이들이 어떤 특정한 감정을 나타냈을 때 주위에서 요란스럽게 반응하는 경우가 가끔 있지요. 그렇게 되면, 아이들은 감정을 꾸며내어 원하는 것을 얻는 꾀를 터득하게 됩니다. 어느 부모에게나 특별히 마음이 약해지는 취약점이 있게 마련이고, 아이들은 이것을 이용해서 가장 그럴듯한 감정을 연출해내는 법을 배우는 것입니다.

이런 식으로 아이들이 만들어내는 허위의 감정을 저는 '꾸며낸 감정'이라고 부릅니다.(어감이 좋지 않아서 더 나은 표현을 찾는 중입니다만.)

분노가 꾸며낸 감정이 되면 **투정**이 됩니다.

슬픔이 꾸며낸 감정이 되면 **뿌루퉁함**이 됩니다.

두려움이 꾸며낸 감정이 되면 **겁**이 됩니다.

어린아이를 둔 부모에게는 이 세 가지 꾸며낸 감정이 큰 시련이 될 수 있으므로 이에 대처하는 실제적인 방법을 알아봅시다.

짜증내고 투정하는 아이 다루기

아이들은 투정하는 것을 우연히 배운다. 18개월에서 24개월까지의 아이들은 욕구불만이 생길 때나 기다리기 싫을 때 혹은 '안 돼'라는 대답을 들을 때, 짜증을 내면 효과가 있다는 것을 이따금씩 터득하게 된다. 한번 그렇게 맛들이고 나면 아이들은 짜증을 내면서 듣도 보도 못한 기세로 도저히 손을 쓸 수 없을 정도의 난리를 피운다. 워낙 갑자기 일어나는 일이라 아이도 제풀에 놀랄 때가 있을 정도. "그딴 건 싫단 말야!" 그러고 나면 아이들은 울음을 터뜨리기 마련이어서 진정을 시켜야 하지만, 사실은 이 단계부터 아이들은 자기가 지금 하고 있는 행위를 잘 알고 있으며 스스로를 조종한다. '이것 보라구, 내가 지금 귀청이 찢어져라 소리를 지르고 있단 말이야. 이제 땅바닥에 주저앉아 발을 굴러야지—땅바닥을 치면서—옳거니! 걸려들었군.'

왜 이런 식으로 행동하려 할까? 부분적으로는 그 동안 쌓인 초조감과 불안을 한꺼번에 터뜨리면서 해방감을 느끼기도 한다. 그러나 가장 큰 동기는 어른들이 나타내는 반응이다! 어른들은 몹시 당황하고 놀라고 긴장하고 때로는 아이가 원하는 대로 해주고 만다. 따라서 '분노'의 꾸며낸 감정인 투정은 상습적인 것이 될 수 있다.

그 대책을 찾아보자.

1. 아이가 원하는 것을 주지 않는다. 이 문제를 해결하고자 한다면 가장 먼저 밟아야 할 필수적인 단계이다. 아이가 심한 투정을 부린다고 해서 아이가 원하는 것을 주면 절대로 안 된다. 아이를 달래기 위해 과거에는 해달라는 대로 해주었을지 모르나 더이상은 안 된다.

2. 현실적이 될 것. 아이가 심하게 짜증을 내기 시작하면 나름대로 개발한 방법으로 그 순간을 넘길 것. 어떤 사람은 아이를 혼자 내버려두거나 무시하고(사실 굉장히 어려운 일이지만) 어떤 이들은 아이의 목덜미를 잡아 방에 데려다놓거나 차에서 기다리게 한다. 이렇게 떼쓰는 아이에게 어떻게 대처할지는 그때그때 상황에 따라 결정해야 한다. 더 중요한 문제는 미연에 방지하는 것이다. 그러자면 다음 단계를 봐야 한다.

3. 아이가 투정을 그치면 그냥 내버려두지 말 것. 아이에게 화를 그런 식으로 표현하면 안 된다는 것을 분명히 말한다. 이때 중요한 것은 때를 잘 잡아야 한다는 것인데, 우선은 아이가 진정이 되어야 한다. 그때까지 아이들이 자기 방에 있게 하거나, 벽 앞에 세워두거나, 혹은 슈퍼마켓에서 그랬다면 집에 돌아올 때까지 기다릴 것. 그러고 나서 문제를 꺼낸다. 너 때문에 속이 많이 상했다는 것, 네가 애초에 가졌던 불만이 뭐였다는 것, 네가 다르게 행동했어야 한다는 것을 분명히 알려주어야 한다. 그리고 (투정이 유난히 심했거나, 같은 걸로 또 투정을 부렸다면) 막무가내로 떼쓰는 것이 가져오는 현실적인 결과를 보여줄 것. 장난감을 압수하거나 하루 동안 TV를 못 보게 하는 것 등.

4. 계획을 잘 세울 것. 심한 투정은 부모와 아이에게 스트레스가 많이 쌓여 있을 때 자주 발생한다. 인생이 좀더 편해지기를 원한다면, 대체 어떤 상황이 당신과 아이를 불만스럽게 하는지 생각해보고 그런 상황을 방지하기 위해 최대한 애써야 한다. 장보기나 쇼핑을 오래 해야 할 경우, 그 동안만이라도 아이를 다른 사람에게 맡기는 건 어떨까? 아니면 평소 틈틈이 간단한 쇼핑을 할 때를 이용해서 아이에게 잠깐씩 관심을 줄 수 없는 상황을 만들어 익숙해지게 할 것. 당신이 바빠지거나 스트레스를 받게 될 상황이 닥치면 아이들이 한두 시간 정도는 다른 데 정신을 쏟게 하거나, 당신을 대신해서 아이를 돌봐줄 수 있는 사람을 미리 마련해두도록 하라.

부모들의 가장 흔한 골칫거리인 이 문제를 다시 정리해보자. 심한 투정을 부린다고 아이가 원하는 대가를 주지 말 것. 투정이 시작되면, 무시하거나 상황에 맞게 그때그때 수단을 강구하여 사태를 일단 넘긴다. 떼쓰기가 끝난 후에 그에 상응하는 결과를 보여줄 것. 이때 명심할 것은 다음에 아이 자신이 원하는 것이 있으면 떼를 써서 얻는 게 아니라, 다른 행동으로 얻어야 한다는 것을 가르치는 것이다. 아이가 처음 투정을 부리기 시작할 때부터 조처할 것. 아이들이 방심했을 때를 포착할 것. 마지막으로 가능하다면 부모나 아이에게 지나치게 힘든 상황을 만들지 않도록.

투정이 어린 시절의 일부분이 될 필요는 전혀 없다. 대부분의 아이들이 시도를 하겠지만 제때 적절히 대처하면 그 시기는 금방 지나간다.

단단히 토라져 있는 아이를 다룰 때

대단한 장면이다! 아이가 거실 한복판에 앉아서 괴롭다는 것을 온몸으로 보여주고 있다. 가슴이 미어질 듯 한숨을 쉬는가 하면, 아이의 얼굴은 아카데미 특수분장상이라도 받을 정도로 구겨져 있다. 당신은 그냥 지나칠 수 없어 묻는다. "또 뭐가 문제니, 응?" 이때의 대답은 동서고금을 막론하고 똑같다. "아무것도 아니에요." 여기까지는 서막에 불과하다!

아이들이 뿌루퉁해지는 것은 무언가를 보여주거나 확인하려는 것 때문이다. 즉 당신이 자신들에게 신경을 쓰고 있고 잘해주려고 애쓰고 있다는 걸 확인하고 싶기 때문이다. 당신은 아이 주위를 빙빙 돌며 물어보는 것으로, 당신이 아이에게 신경 쓰고 있다는 것을 증명한다. "뭐 먹고 싶은 거라도 있니?" "누가 너한테 뭐라고 하든?" "학교에선 별일 없었니?" "너 기분이 안 좋구나?" "아뇨, 아무것도 아니라니깐요."

그러다가 당신이 특별대우를 해주면 마지못한 척하며 받아들인다. 그렇다고 아이들이 완전히 만족하는 건 결코 아니다. 다음에 또 뿌루퉁해지기 전까지 마음속 깊은 상처를 잠시 달래주고 어루만져주었을 뿐이다. 그쯤 되면 당신은 심각하게, 자신이 부모 노릇을 제대로 못 하고 있는 건 아닌가 하고 고민하게 된다.

그러나 걱정은 그만! 토라진 아이 때문에 당황한다면 그것은 부모가 애초에 어느 정도 죄책감을 갖고 있기 때문이며, 아이들은 이 죄책감을 마음껏 이용하는 것을 배운다. 아마도 아이가 아기였을 때 잠을 제대로 못 자 거의 졸면서 더러운 기저귀를 깨끗한 기저귀로 착각하고 잘못 채웠을지도 모른다. 아니면 기저귀 핀으로 아기를 실수로 찔렀을 수도 있고 그래서 그 후유증으로 지금 아이들이 스트레스에 시달리는 건지도 모른다. 어떤 것에 죄책감을 느끼든 간에, 그게 과거에 일어났던 일이라면 잊어버릴 것! 부모의 죄책감이 아이들에게 좋은 건 아니니까.

만약 뿌루퉁해진 아이에게 관심과 사랑을 준다면 아이들은 간단한 방정식을 하나 배우게 된다. 즉 사랑은 울적해야 오는 것이라는 것을 배우는 것이다. 보살핌을 받고 싶다면 그냥 주저앉아서 언짢다는 기색만 보이면 된다. 그러면 사람들이 관심을 나타내니까. 문제는, 나중에 이것이 인생을 살아가는 방식이 된다는 데 있다. 삐지고 토라지면서 불행의 경력을 쌓아가는 것이다!

나도 뿌루퉁한 성격의 어른과 아이를 많이 만났다. 옛날에는 나 역시 그들의 환심을 사고, 즐겁게 해주고, 기분을 밝게 해주려고 무척 애를 썼다. 나는 '기분좋게 만드는 사람' 이었다.(그렇지만 속으로는 점점 피곤해지고 화가 났다.) 이제 나는 상대방이 가진 기분의 패턴을 전보다 훨씬 효율적으로 바꿀 수 있게 되었다. 만약 어느 아이가 내 주변에서 토라져 있으면 나는 "너에게 신경을 쓰고 있단다. 그리고 도와주고 싶어. 네가 진짜로 원하는 게 뭔지 생각해보렴. 난 부엌에 있을 테니까" 하고 말한다. 그리고 아이를 혼자 내버려둔다. 대개는 아이가 내게 와서 좀더 솔직하게 말을 하고, 나는 아이를 기쁘게 도와준다. 주위에 신경질을 부릴 대상이 없으면 그것도 지겨워진다. 여기 토라지는 것을 막는 다섯 가지 요령이 있다.

1. 아이든 어른이든 모든 사람들은 자신이 무엇을 원하는지 잘 알고 있다. 단지 그게 분명해질 때까지 생각할 필요가 있을 뿐이다.

2. 아이들은 자신이 원하는 것을 말을 함으로써 얻을 수 있다는 것을 배워야 한다.

3. 인간이 반드시 필요로 하는 건 조금뿐이다. 음식, 집, 공기, 관심, 운동 같은 것.

4. 그 외 나머지는 모두 '원하는 것'들이다. 그리고 무엇보다도 우리는 원하는 것을 항상 얻을 수는 없다.

5. 우리가 행복하든 불행하든 그것은 세상에 아무런 영향을 미치지 못한다. 그렇다면 차라리 행복하게 지내는 게 낫다.

겁이나 낯가림에 관한 잘못된 통념들

가족 중에 겁이 많은 아이가 있는가? 그렇다면 이 글을 읽고 나서는 아이의 성격을 바꾸고 싶어질 것이다. 겁은 하나의 잘못된 통념이다. 겁은 거기 빠진 아이들이 어떻게 탈출해야 할지 모르는 덫 같은 것이다. 겁이 많은 아이가 귀엽게 보일 때도 있지만, 나중에는 인생에 큰 장애가 된다. 사실 겁이 많은 사람은 인생에서 놓치는 게 많다.

아이들은 왜 겁을 내게 되며, 아이들을 적극적인 사람이 되게 도와주려면 어떻게 해야 할까? 겁을 먹는다는 것은 우발적 사고와 조건이 합쳐져서 일어나는 일이다. 누구나 사회생활을 하다 보면 낯선 상황을 맞닥뜨리고 당황해서 말이 잘 안 나올 때가 가끔 있다. 그건 아이들도 마찬가지다. 언젠가 서커스를 보러 간 적이 있는데, 어릿광대가 어느 꼬마에게 다가가서 얼굴을 들이대고는 "안녕?" 하고 인사를 하니까 그만 꼬마가 혼비백산하는 걸 본 적이 있다. 배우 로빈 윌리엄스는 두 살짜리 아이를 데리고 디즈니랜드에 갔더니 아이가 질겁을 하더라는 얘기를 했다. 아이의 눈에는 늘 친숙하던 미키마우스가 2미터가 넘는 거대한 쥐로 보였기 때문이다!

아이들이 이 단계를 벗어나게 하는 것은 우리의 임무이다. 따지고 보면, 우리가 아이들에게 소개시켜주는 사람들 중에 정말 위험하거나 무서운 사람은 없다. 그러므로 아이들이 겁을 낸다고 해서 그 사람들이 무안해할 필요는 없다. 또 아이도 겁이 나는데 안 무서운 척할 이유는 없다.

여기에 도움이 되는 몇 가지 사항이 있다.

1. 아이들에게 어떻게 하면 사교적이 되는지 가르칠 것.

이건 간단하다. 누군가가 당신 아이에게 "안녕" 하고 말을 걸면, 당신은 아이에게 말을 건 사람을 쳐다보면서 "안녕" 하고 인사하면 된다는 것을 설명해주면 된다.

당신이 아이에게 누군가를 소개해도 된다. "이분은 아빠 친구인 털보아저씨(혹은 김선생님 등 누구든지 간에)란다. '안녕하세요' 해야지?"라고 말하면 아이가 쳐다보며 "안녕하세요, 털보아저씨?" 하면 되는 것이다. 네 살 미만의 아이들은 이 정도까지 하고 그만할 것. 아주 잠깐 동안말고는 아이에게 지나친 관심을 쏟지 않는 게 좋다. 그렇지 않으면 아이들은 재롱을 보여주어야 한다는 부담을 갖게 된다. "안녕하세요?" 하는 인사와 눈맞추기 정도가 훌륭한 출발이다.

2. 아이가 나서게 하라.

세 살짜리 미영이의 부모는 딸아이가 매우 겁이 많고 낯가림도 심하다고 여겼다. 그 집은 손님들의 방문이 잦은 편이었는데, 미영이가 명랑하게 잘 놀고 쫑알쫑알 수다를 떨다가도 낯선 사람들만 보면 겁을 내며 엄마 뒤로 숨는 것이었다. 미영이는 또래의 다른 아이들을 만날 때도 마찬가지였다.

미영이의 부모에겐 이런 조치가 도움이 될 수 있었다. 우선 부모는 미영이에게 사람들과 얘기할 때 어떻게 쳐다보고 어떻게 말을 해야 하는지 잘 설명했다. 그 집에 자주 오는 손님이 오면, 부모는 미영이에게 제대로 인사할 수 있는 마음의 준비가 될 때까지 자기 방에 가서 혼자 가만히 생각해보라고 일렀다. ('잠깐 멈춤'이라고 불리는 이 방법은 아이가 스스로 문제 상황을 곰곰이 되새겨볼 기회를 갖게 한다. 아이를 때리거나 윽박지르는 것보다 훨씬 나은 방법으로 요즘 많은 부모들의 호응을 받고 있다.) 아이는 투덜거렸고, 곧 혼자 방에 남겨졌다. (이때쯤, 미영이 부모는 어렵고 까다로운 손님이 아니라 허물없는 절친한 친구여서 한시름 놓고 있었다.)

특정한 행동패턴들을 고치려고 할 때 처음엔 무척 힘이 든다. 아이가 조용해지자, 부모는 아이를 다시 거실로 데려왔다. 미영이는 이내 "저 준비됐어요" 했다. (미영이는 고집은 있을지라도 바보는 아니었던 것.) 그러고서 아이는 너무도 쉽게 "아줌마, 안녕하세요" 하고 손님에게 인사를 했고 달려나가서 즐겁게 놀았다. 그리고 이내, 손님에게 다가와 자기의 장난감들을 보여주며 재잘거렸다. 이후 같은 문제가 거의 발생하지 않았고,

설령 생기더라도 잠깐 동안 '혼자 가만히 생각하게' 하면 문제는 해결되었다. 미영이는 며칠 사이에 겁 많고 수줍은 성격에서 벗어나 많이 활발해졌다.

아이들이 겁을 내는 또다른 이유는 어른들 중에 겁 많고 수줍어하는 아이들을 굉장히 예뻐하는 이들이 있기 때문이다. 어른들은 겁 많은 아이가 귀엽고 사랑스럽다고 생각되면 어떻게 해서든 아이를 구슬러 환심을 사려고 야단이다. 그렇게 되면 아이는 가만 있는 것보다 겁 많은 모습을 보임으로써 더 많은 관심을 받게 되는 것이다.

아이들이 사람을 무서워하게 되는 때는 부모가 옆에 없을 때 혹은 뭔가가 잘못되어 있을 때이다. 예를 들어 정말로 위험하거나, 술이 취했거나, 성적으로 괴롭힐 것 같은(아동 성희롱) 어른이 그 자리에 있을 경우 등이다. 이런 사람들은 애초부터 아이의 주변에 있어서는 안 될 인간들이다. 그러므로 아이가 평소와 전혀 다르게 이상한 행동을 보이면 잘 지켜보고 즉시 원인을 밝혀내야 한다.

사교성이란 사실상 사람들과 어떻게 관계를 맺기 시작하고 다정하게 잘 지내며 행동해나가는가 하는 문제이다. 아이들이 안녕하세요 하고 인사할 줄 알고, 눈을 맞출 줄 알며, 자기 소개를 제대로 할 줄 안다면(그렇게 교육시킨다면), 아이들은 친구를 사귀고 사람들과의 만남을 즐기는 가운데 대인관계가 점점 능숙해질 것이다. 또 그런 아이들이 모든 면에서 성공적인 인생을 살아갈 것이다. 그러므로 이 문제는 일찍부터 도와주는 것이 좋다.

어떤 아이나 어른들은 원래 성격상 조용하고 말수가 적다. 자녀의 성격이 그렇다면 굳이 외향적이 되기를 강요하지 말 것. 필요할 때 남들과 어울릴 수 있는 정도라면 괜찮다.

5 엄격한 부모

—단호한 가르침, 지금 당장 실천하십시오!

가족심리에 관한 상담을 막 시작했을 무렵, 저는 항상 눈을 크게 뜨고 주위에서 일어나는 일을 열심히 관찰했습니다. 그때 발견한 놀라운 사실 하나는 아주 안정적이고 행복하게 자라는 어린이들은 제 기준으로 볼 때 꽤 '엄격한' 부모를 둔 아이들이라는 것이었습니다. 그 비결은 이 부모들이 엄격하긴 하지만 그 태도가 어느 상황에서든지 일관되고 단호했다는 겁니다. 이로 인해 아이들은 자신들이 지켜야 할 규칙을 잘 알고 있었고, 말썽을 일으키지 않으니까 벌을 받을 일도 거의 없었습니다.

가장 중요한 것은, 이 아이들은 사랑받고 있으며 부모들이 자신을 더없이 소중한 존재로 여긴다는 것을 알고 있다는 점입니다. 이 '엄격한' 부모들에게는 아이를 그냥 방치한다는 것은 상상할 수도 없는 일이었습니다. 아이들에게 걱정거리가 생겼을 때 결코 혼자 끙끙거리도록 내버려둔 적이 없었습니다. 간단히 말하면 이 아이들은 엄격한 규칙과 긍정적이고 적극적인 관심의 결합 속에서 자라난 셈이었습니다. 만약 둘 중 하나가 빠져버린다면 성공할 수 없을 거라는 게 제 생각입니다.

엄격함과 따뜻한 관심이 적절히 균형을 이룬 이 가족들과는 달리, 부모의 방치로 마음껏 '자유'를 누리지만 온갖 말썽을 피우면서 불행해진 문제아들을 훨씬 더 많이 만났으니까요. 확실히 이런 아이들은 자기에게 제동을 걸어줄 사람을 찾고 있었지만 그 부모들은 그것을 알아차리지 못하고 있었습니다. 그들은 그저 아이들이 더 많은 응석과 자유를 원하는 줄로만 알고 있으나 사실은 그 반대입니다.

아이들은 어느 정도 제약을 받기를 원하며 그것이 바로 부모들이 알아두어야 할 비결입니다. 사회복지기관의 직원은 결손가정의 아이를 입양하는 양부모에게 다음과 같은 주의를 주도록 되어 있습니다.

"이 아이가 잘 적응할 수도 있습니다. 그러나 대부분의 아이들은 처음 석 달 동안 온갖 말썽을 피우면서 당신과 당신 가족이 자기를 통제할 수 있을지 없을지를 시험하려 들 것입니다. 아이는 당신의 결혼생활이나 정신의 건강상태, 관심의 정도, 훈육방법이 충분히 엄격한가 등에 대해 알려고 할 겁니다. 그러고 나서야 안심하고 다시 성장을 시작할 수 있을 겁니다. 간단히 말하자면, 아이는 이 새로운 가족이 과거의 가족처럼 무너질지 아닌지를 알고 싶어하고 그걸 시험해보려고 하는 거지요."

입양은 극단적인 예입니다. 그러나 모든 어린이는 똑같지요. 아이들은 누군가가 자기를 통제할 것인지 아닌지 알고자 합니다.

아이들이 말썽을 피울 때 부모의 반응은 대개 세 가지로 나타납니다. 공격적 반응, 수동적 반응, 그리고 단호한 반응입니다. 공격적인 부모들은 말이나 행동으로 아이의 기를 꺾으며 공격합니다. 수동적인 부모들은 아이가 부모를 짓밟고 지나가게 내버려두다가 최후의 순간에 가서야 아이들을 통제하려고 듭니다. 그때는 예기치 못한 감정의 폭발이 이어지죠. 엄격한 부모들은 이와는 전혀 다릅니다. 좀더 자세히 설명해볼까요?

공격적인 부모

공격적인 부모는 거의 늘 자녀들 때문에 화가 나 있습니다. 그러나 대개의 경우 그 화는 아이의 행동과는 전혀 관계없을 때가 많습니다. 이 유형의 부모들은 결혼생활이나 직업, 사람들, 혹은 자기가 부모라는 사실과 부모이고 싶지 않다는 것(아이 잘못이 전혀 아닌데도) 때문에 화가 나 있을 가능성이 높습니다. 그들은 이 모든 자신들의 긴장과 불만을 아이에게 퍼붓는 것입니다.

이 경우 어떤 어린이들은 굉장히 흥미로운 방법으로 대처합니다. 부모가 자신에게 악을 쓰는 것을 일종의 사랑이라 여기고 이렇게 이유를 달지요. '적어도 내게 관심이 있으니까 소리를 지르는 거야. 소리를 크게 지르면 지르는 만큼 나한테 신경 쓴다는 거지!' 아이는 그 '사랑'에 보답하기 위해 부모에게 맞고함을 지르고, 사태는 곧 싸움으로 발전하여 '개새끼 소새끼'를 외쳐대는 지경이 됩니다! 가족 모두가 험한 수렁에 빠지는 거죠. 제삼자가 보기엔 그 가족들은 서로가 똑같이 그러니 별로 상처입을 것도 없을 뿐더러 그렇게 계속해야만 일종의 친밀감을 유지한다고 본다면 억지일까요?

또다른 경우 공격적인 부모는 아이들을 억누르고 뜻을 완전히 깔아뭉개기 때문에 아이들이 의기소침해지고 좌절합니다.

부모가 아이들의 복종만을 원한다면, 무섭게 대하면 됩니다. 두려워할 테니까요. 그러나 또한 반항도 겪을 겁니다. 아이를 못살게 구는 많은 부모들은 아이가 십대가 되었을 때 심각한 반항에 직면하게 될 것입니다. 공격적인 부모들은 아이가 늘 소극적이고 두려움에 떠는 성격이 되게 하거나 반항적이고 도전적인 성격, 혹은 이 두 가지가 혼합된 성격을 갖게 만듭니다.

소극적인 부모

이것은 가장 흔하게 볼 수 있는 유형입니다!

언젠가 딸아이가 너무 말을 안 듣는다고 불평하는 젊은 엄마와 상담한 적이 있습니다. 흔한 일이었지만 한두 가지 이상한 점이 있었습니다. 대부분의 부모들은 상담할 때 자기 아이를 함께 데려옵니다. 더 정확히 말하자면 아이를 자기 앞에 내려놓고는 "여기 있어요, 애 좀 고쳐주세요" 하는 게 보통이죠. 그런데 이 젊은 엄마는 딸아이가 행여나 기분이 상할까 봐 걱정이 되어 데려오지 않았고, 상담 사실을 남편에게도 알리지 않았습니다.

그녀는 아이의 행동에 대해 미주알고주알 풀어놓음으로써 혼자 끙끙거리던 걱정과 긴장을 풀어내는 게 역력했습니다. 마음속 괴로움을 털어놓는 데 급급한 나머지 제가 뭐라 입을 열 새도 없이 30분이나 하소연이 계속되었습니다. 아이가 말을 안 들을 때 어떻게 하는지 질문하자 그녀는 굉장히 엄격하게 하지만 아이가 전혀 듣지 않는다고 했습니다. 저는 다음 상담 때 아이를 데려오라고 말했습니다.

아이는 매우 협조적이었으며 우리 기대에 어긋나지 않게 행동했습니다. 몇 분 동안의 '탐색'이 끝나자 아이는 제 전화기와 커튼을 가지고 난폭한 장난을 시작했습니다. 아이 엄마에게 아이가 말썽을 피우면 어떻게 그만두게 하는지 보여달라고 했지요. 아이 엄마는 즉시 목소리를 낮추어 부드럽고 조심스럽게 속삭였습니다. "우리 은경이 착하지. 그만 하면 안 될까?" 당연히 아이는 말을 듣지 않았습니다. "제발 얘야, 이리 오렴. 넌 착한 애잖아."

전 그녀에게 호감이 갔습니다. 아이에게 깊은 애정을 쏟고 있고, 딸에게 가장 좋다고 생각되는 것을 해주고 싶어하는 엄마였습니다. 그러나 이 엄마와 저는 단호함에 대한 생각이 너무나 많이 달랐습니다.

그래서 이 엄마에게 단호해지는 훈련을 실시했고, 왜 엄마가 아이에게 겁을 내는지 이유를 찾아내서 아이를 변화시키기 위한 노력에 도움이 되도록 했습니다. 은경이는 곧 모든 가족을 쩔쩔매게 하는 우두머리 노릇을 하지 않게 되었습니다!

아이에게 바른 행동을 가르쳐야 한다는 것은 실제 생활을 원만하게 영위하도록 하기 위해 필요한 것입니다. 예전과는 달리 현대의 부모들은 형식과 격식을 갖추기 위해서가 아니라, 생활을 좀더 평온하고 순조롭게 하기 위해 아이들의 협조를 구하는 것입니다. "밖에 나가서 놀려면 헌옷으로 갈아입도록 해." "냉장고에서 고양이 꺼내지 못하겠니!"

그러므로 아이들이 따라주지 않으면 부모들의 생활은 고달퍼집니다. 마음이 약한 부모들은 결국 자기들이 이리저리 끌려다닐 것임을 알게 될 겁니다. 아들녀석의 창의력을 억누르지 않으려면 도대체 얼마나 더 양보하고 살아야 하는 건지, 부모들은 화도 나고 지쳐서 위계질서를 바로잡고 싶어합니다. 이렇게 말을 안 듣는 게 한 시간 정도 계속되거나 일 주일 내내 반복된다면 부모의 인내심은 한순간 바닥이 나버리고 맙니다. 그래서 갑자기 고함을 지르며 아이의 버릇을 바로잡아보려고 하지만 부모나 아이 모두 역부족이라는 것을 알고 있습니다.

많은 수의 부모가 참고 참다가 끝내는 극도의 화를 내는 소심한 부류에 속한다는 사실은 그리 놀랄 일이 아닙니다. 만약 여러분이 화내는 정도가 여러분과 아이에게 위험할 만큼의 수준이라면 이 책의 8장이 도움이 될 것입니다.

이 책을 읽는 분들이 자신이 앞의 유형 중 어느 유형에 속하는지 알게 되고 혹시 우울해하지 않을까 마음이 많이 쓰입니다. 만약 여러분이 아이와 이렇게 참고 참다가 폭발시키는 식으로 지낸다면 우선 두 가지를 알아두어야 합니다.

첫째, 부모들 중 약 3분의 1 정도가 이런 유형이며, 아이가 어리거나 이제 막 부모가 된 경우 특히 심하게 나타난다는 점입니다. 둘째, 이건 심각한 문제는 아니고 부모가 방향을 잘못 잡은 것일 뿐이며 고칠 수 있는 문제라는 점입니다.

공격적이거나 소극적인 부모가 된다는 건 바람직하지 못합니다. 부모의 유형 가운데 마지막이 뭐였지요? 자, 이제 드디어 '엄격한 부모'를 소개합니다!

엄격한 부모

엄격한 부모는 분명하고 단호하면서 동시에 상당히 자신감 있고 여유도 있습니다. 이런 부모의 아이들은 부모가 설령 "너, 혼

좀 나아졌다"라고 말할 때도 자신들을 억압하거나 굴욕적으로 다룰 거라고는 생각하지 않습니다.

단호함이란 언제나 쉽게 접할 수 있는 것이 아니므로 본보기가 될 만한 사례가 많지 않을 수도 있습니다. 만약 여러분의 부모님이 공격적이었다면 여러분이 엄격해진다는 건 꽤 어려운 일이 될 수 있습니다.

중요한 점은 엄격함과 단호함을 하나의 방법으로 생각해야지 타고난 성격으로 치부해버리면 안 된다는 것입니다. 이 말은 여러분 자신도 시간을 가지고 그 방법을 배워야 한다는 뜻입니다. 아직 희망이 있으니까요!

엄격함의 첫번째 요소는 여러분의 내면에, 여러분의 태도에 이미 존재합니다. 다음 내용 중 자신의 모습과 가까운 쪽에 표시를 해보십시오.

'물렁물렁한' 부모는 자신에 대한 평가를 스스로 낮춘다.	'단호한' 부모는 스스로를 중요하다고 여긴다.
늘 나보다 다른 식구를 우선시한다.	다른 가족 못지 않게 나도 중요하다.
아이들을 항상 행복하게 해야 하며 그렇지 않으면 나쁜 부모가 된다.	아이들이 제일 소중하지만 다른 사람들과 어울릴 줄도 알아야 한다.
어떤 식으로든 아이들의 자연스런 창의력을 막아서는 안 된다.	아이들의 불만도 성장의 일부분이다. 원하는 것을 언제나 얻을 수는 없다.
나는 아무것도 아닌 평범한 사람이지만 내 아이들은 훗날 유명해질지도 모른다.	좋은 부모가 되기 위해선 나 스스로 행복하고 건강할 필요가 있다. 나 자신도 위할 줄 알아야 한다.
내 배우자도 중요하지만 아이들만큼은 아니다.	내 배우자와 우리 결혼생활은 아주 중요한 일이다. 아이들만큼 최우선적인 일이다.
인생은 힘겨운 싸움이다.	인생은 도전의 연속이지만 재미있는 것이다.
나는 그저 평화를 바랄 뿐이다. 가정의 평화와 안정을 지키려고 아이들에게 지고 산다. 그 상태가 오래 못 가서 유감이지만.	아이들이 바르게 잘 따라준다면 생활이 훨씬 편안해진다. 난 어른으로서 이 모든 일의 책임자다.

엄격함의 두번째 요소는 행동입니다. 여러분이 무엇을 하느냐에 달렸다는 것이지요. 말을 안 듣거나 늑장부리는 아이를 착한 아이로 변화시키는 방법이 여기 있습니다.

1. 자신의 마음부터 분명하게 한다.

부모인 여러분이 아이한테 요구하는 것은 부탁이 아니며 아이와 의논해서 결정할 성질의 것이 아닙니다. 아이들은 부모의 가르침을 따를 의무가 있으며 부모의 말을 잘 듣고 따르면 이익을 볼 것입니다.

2. 분명한 대면을 한다.

하던 일을 멈추고 아이에게 가서 아이가 여러분을 쳐다보게 하십시오. 아이가 여러분을 보기 전에는 지시를 하지 마십시오.

3. 명확하게 말한다.

"지금 ~를 하기 바란다. 알겠니?"라고 정확하게 말하십시오. 예 혹은 아니오라는 대답 역시 확실히 받아놓아야 합니다.

4. 하지 않는다면 반복해서 말한다.

아이들이 시키는 대로 행동하지 않을 경우 여러분이 원하는 바를 반복해서 얘기하십시오. 토론하거나 이유를 달거나 화를 내거나 두려워하지 말고, 천천히 심호흡을 한 후 침착하게 말하십시오. 아이가 그 일을 하기를 재차 요구하는 것일 뿐, 그로 인해 기분이 나쁜 건 아니라고 말해야 합니다. 이것은 무척 중요한 단계인데 몇 가지 금지사항을 명심해야 합니다. 토론을 하거나 말싸움은 하지 말 것. 열을 내지도 말 것. 그냥 아이가 해야 할 일을 다시 한번 얘기하는 걸로 충분합니다.

5. 자리를 떠나지 말고 가까이 있는다.

아이가 해야 할 일을 완전히 못 끝낼 경우를 대비해서입니다. 만약 아이가 일을 다 끝냈다면 너무 요란스럽게 칭찬하지 말고 "잘했어" 하며 가볍게 웃어주면 됩니다.

이것은 아이들을 재교육하는 훈련과정입니다. 처음 한두 번은 시간을 많이 잡아먹으므로 '어휴, 차라리 내가 하고 말지' 라고 생각하시겠지만, 이 기다림과 반복에 투자한 시간은 나중에 몇천 배로 돌아옵니다. 비결은 한마디로 끝까지 밀고 나가라는 것입니다. 아이가 집이 떠나갈 듯 난리를 쳐도 부모가 끄떡하지 않고 단호하게 나가면 아이는 순순히 저항을 포기하게 됩니다. 여러분이 "내 말 잘 들어야 돼. 이건 장난이 아니니까"라고 말할 때에는 목소리부터 달라집니다. 이것은 부모가 아이와 같이 장난을 치며 놀거나 칭찬할 때의 목소리와는 판이하게 다릅니다. 아이는 곧 이런 어조가 '지금 내 말대로 해' 라는 뜻임을 알아차리게 됩니다. 그리고는 그대로 합니다! 그때의 기분은 이루 말할 수 없죠!

일단 아이들이 부모의 엄격함에 길들여지기 시작하면 힘들게 아이와 씨름해야 했던 그전과 비교해볼 때 아주 놀랍습니다. 예를 들어 다음은 어느 가정에서나 볼 수 있는 전형적인 아이 재우기 모습입니다.

"혜림아, 잘 시간 다 되어가네. 정리해야지!"

'되어간다고 했지? 그건 잘 시간이 아직 안 되었다는 얘기야.'

"장난감 치우고 있니?"

'어느 세월에!'

"얘야, 너 아침에 피곤해서 제대로 눈도 못 뜨잖니."

'엄마는 이유를 둘러대고 있어. 그건 엄마가 나를 겁낸다는 증거지. 어쨌든 아침이 되려면 아직 한참이나 남은걸.'

"이리 온 혜림아, 너 말썽피우고 싶지 않잖아, 응?"

'아니, 피우고 싶어!'

"자 여기 엄마 봐라, 엄마가 같이 인형 치워줄게."

'좋았어! 엄마가 나랑 놀려고 하는구나.'

"얘, 장난감 놔둬야지, 엄마가 금방 치운 거잖아."

'나 잡아봐~라!'

"혜림이, 엄마 화내는 거 보고 싶니?"

'응! 그거 너무 재밌어.'

"넌 자꾸 말썽만 피우고, 못됐어."

'맞아, 나도 내가 말썽쟁이 같아. 왠지는 모르겠지만 이렇게 티격태격하는 게 너무 재미있는걸. 이렇게 해야지 엄마가 정말 나랑 같이 있는 거 같거든.'

아이의 대답은 물론 입 밖으로 나오지 않습니다. 만약 엄마가 아이의 말을 들을 수 있다면 그런 식으로 아이의 상대가 되어주진 않을 테죠. 많은 분들이 비슷한 경험을 하셨을 겁니다. 요점을 정리해보면 다음과 같습니다.

• 부모는 갈등을 일으킬까 봐 두려워한다. 처음에 아이에게 협조해줄 것을 '요구할 때' 벌써 목소리부터 자신없게 들린다.

• 이유를 달고 말씨름을 벌인다. 그게 아이에게 '시간을 벌 수 있게' 해주는 줄을 모른다.

• 부모가 아이와 씨름하는 데 정신이 팔려 있는 동안 아이는 어른들을 끈에 매단 인형처럼 조종하고 재미있어한다.

• 부모는 결국 지쳐서 생각했던 것 이상으로 감정을 폭발시키고 아이를 억누르게 된다.

참 고통스러운 일입니다. 특히 매일 되풀이되는 일이기에 더 애를 먹게 됩니다. 그러나 다행히도 벗어나는 방법이 있답니다.

화를 내는 한편 한숨 돌리는—화난 척하기

내가 어려서 학교에 다닐 때 일이다. 어느 날 과학 선생님이 수업 도중에 나가시고 교실은 곧 난장판이 됐다. 우리는 증류수가 든 플라스틱 병을 물총삼아 쏘아대면서 책걸상 뒤에서 OK목장의 결투를 재현했다.

보통때 나는 소심한 편이었지만 그날 나는 실험실 맨 앞에 나와서 물총을 마구 쏘아대고 있었다. 그때 갑자기 아이들이 뻣뻣해지며 움직임을 멈추었다. 성난 고함소리가 등뒤에서 들려왔고 선생님은 화가 잔뜩 난 채 교실에 서 계셨다!

나는 번개같이 내 자리로 돌아와 책 속에 얼굴을 파묻고 고개조차 들지 못했다. 조금 있다가 살짝 보니 놀라운 광경이 보였다. 선생님은 쥐죽은 듯 조용한 교실을 둘러보시며 커다란 미소를 짓고 계셨던 것이다. 나는 선생님이 화난 척 연기를 하셨다는 걸 깨닫고는 선생님이 순식간에 이루어낸 결과에 감탄했다.

그것은 새로운 발견이었다. 화를 내면서 이성을 잃은 어른들을 본 적이 있다. 그 어른들은 분노로 다른 사람들을 두렵게 하였는데 그렇게 화내는 게 항상 들쭉날쭉하곤 했다. 나는 이 새로운 발견이 기쁘기는 했으나 앞으로는 선생님이 자리를 비우셔도 얌전히 내 자리에 앉아 있기로 했다.

『아이에게 행복을 주는 비결』 2권에는 적절한 훈육방법, 즉 엄격하고 따끔하게 가르치는 방법들이 자세히 나와 있습니다. 규율과 훈육문제에 관해서는 인류 전체가 지난 30~40년 동안 함께 고민해왔다고 해도 과언이 아닙니다. 금세기까지 어린이 양육은 그렇게 큰 문제가 아니었습니다. 대개 태어난 아이의 3분의 1 가량이 일찍 죽었고, 살아남은 아이들도 십대가 되어 어른 몫을 하기 전에는 하찮게 취급되었습니다. 이때까지 아이들을 통제하는 가장 중요한 수단은 폭력이었습니다. 일곱 살짜리가 환기가 안 되는 광산에서 하루 종일 채굴작업을 하거나 공장에서 10시간씩 서서 일하던 시기였던 것입니다. 유년기의 환경이나 중요성에 대한 인식이 거의 없었지요.

1950년대와 1960년대는 아이들을 특별하게 취급한 시기였습니다. 새로운 유행이란 게 대개 그렇듯이 이 유행은 무척 거세게 불어서 갑작스럽게도 가족 전체에서 가장 중요한 사람은 아이들이 되어버렸습니다. 말할 필요도 없이 그것은 아이들에게도 그리 바람직한 일은 아니었습니다. 결국 유행의 파도는 중간쯤에서 가라앉았지요. 지금은 부드러운 사랑과 엄격한 사랑 모두를 주어야 한다는 걸 배우고 있으며 아이들도 조용해지기 시작했습니다.

여기까지가 엄격한 부모에 관한 이야기입니다. 그것은 여러분에겐 부모로서의 권리가 있고 아이들에게는 부모의 통제가 필요하다는(아이가 동의하든 동의하지 않든 간에) 결정에서부터 시작됩니다. 그 결과는 훨씬 더 평화스러운 생활을 누리게 되고 부모나 아이에게 즐거운 시간이 더 많이 생긴다는 것입니다.

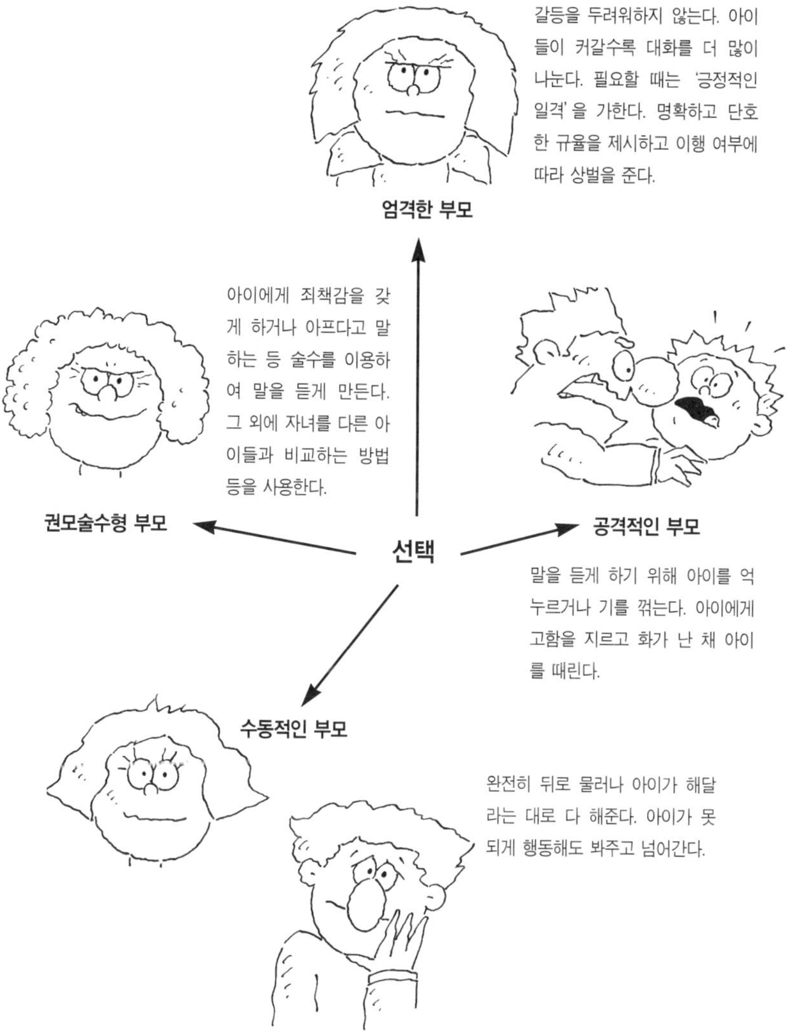

이 그림은 부모가 아이들을 다루는 기본적인 태도를 네 가지로 나눠본 것이다. 특별히 어떤 유형에 자기가 포함된다고 해서 죄책감을 느끼지 말고, 어느 유형이든지 자신이 '선택'하여 실행하는 것이 중요하다는 점을 명심하라.

아버지 노릇—배우자를 뒷받침해주는 것

누군가 도와주는 사람이 있다면 인생의 많은 부분들이 훨씬 쉬워진다. 아이를 키우는 일이 바로 그렇다.

아이를 제대로 키우기 위해서는 결단과 배짱뿐 아니라 목적의식이 필요하다. 이런 때에는 배우자가 뒷받침해주고 있다는 것을 아는 것만으로도 마음이 한결 든든해진다.

사람들은 도움받는 것을 부끄러워하는 경향이 있다. 그것은 구태의연한 방식을 답습하고 싶지 않아서이다. 그러면 그 구태의연하고 케케묵은 방식이란 무엇인가? 그 답은 이 한 문장으로 요약된다. '아빠가 집에 오시기만 해봐.' 웃어넘길 일이 아니다. 엄마 혼자서 아이들을 돌보다 지친 나머지 아이를 따끔하게 혼내는 훈육의 역할은 아빠에게 떠넘겨버리는 것이다. 아빠는 집에 와서 쉬고 싶은 생각밖에 없는데 아이들을 엄하게 혼내는 악역을 떠맡게 된다. 아이들은 아빠가 다음날 출근하면 또 온갖 난리를 피우고, 이런 일은 계속 반복된다.

뒷받침은 중요하다. 그러나 이왕 해주려면 제대로 해주어야 한다. 여기에는 간단한 규칙이 있다. 당신이 누군가를 뒷받침할 때 그 누군가의 원래 자리까지 차지할 필요는 없다는 것이다.

사람들이 서로서로 직접 접촉한다면 인간관계는 훨씬 간단해질 것이다. 의사소통이 쌍방간에 일어나는 것이 아니라 세 방향으로 이루어진다면 혼란이 일어날 수밖에 없다. 어떻게 하면 문제에 직접적으로 접근할 수 있는지를 보여주는 사례가 있다.

열세 살이 된 영호는 빨랫감을 내놓는 문제로 엄마를 괴롭히고 있다. 영호는 점점 언성을 높이고 욕설도 하며 대단히 공격적으로 말한다. 그의 아버지가 어깨너머로 듣고는 다가온다. 그는 아들에게 "야, 목소리 좀 낮추고 말해! 엄마하고 이 문제를 매듭지어야지" 하고 말하며 아들의 눈을 들여다본다. "그럼 됐니?" "예." 아빠는 사라졌지만 아빠가 한 말은 귀에 남아 있다. 영호는 이제부터 빨래에 관한 문제를 매듭지어야만 한다.

원칙은 이렇다. 아이가 엄마와 실랑이를 하고 있다면 엄마와 둘이 실랑이를 끝내도록 한다. 아빠가 간섭해야 할 일은 아이가 엄마를 존중하게 만드는 것이다. 이렇게 되면 일은 간단해진다. 뒷받침은 딸과 아들을 한꺼번에 상대할 때도 필요하다. 특히 아들의 경우, 마치 부모의 인내심이 어디까지인가를 시험해보는 듯한 시기가 공통적으로 있다. 그런 때는 아빠를 원군으로 내세우는 게 좋다. 단, 이러한 뒷받침을 해줄 때 부모가 각자 단호함과 부드러움의 균형을 맞춰야 함은 물론이다. 배우자가 엄격하거나 유약해서 한쪽으로 치우칠 경우 당신이 그걸 보완해줄 수는 없다. 따라서 각자가 아이의 개성에 맞춰 제대로 하도록 노력해야 한다.

또다른 케케묵은 방식은 30년 전에 아주 일반적인 방법이었는데, 부모 한쪽이 엄격하고 다른 한쪽은 자애롭게 해서 조화를 이루는 것이다. 즉 아빠가 저녁을 굶기면 엄마가 살짝 샌드위치와 우유를 갖다 주는 식이다. 이것은 아이가 각각 균형을 갖춘 부모의 모습을 경험하지 못한다는 점에서 그다지 좋은 방법이 못 된다.

부모 노릇 역시 다른 일과 마찬가지로 자신에게 맞는 방법을 스스로 찾아낼 수 있다. 아이가 "이건 공평하지 않아요, 엄마 아빠 둘 다 날 미워하니까!"라고 투덜거린다면 부모 노릇을 제대로 하고 있다는 것이지만, 대개 이렇게까지는 가지 않는다.

어린이와 집안일—책임감을 가르치는 법

여기 당신이 해야 되는 집안일에 대한 부담을 덜면서 동시에 자녀에게 어른이 될 준비를 시킬 수 있는 멋진 방법이 있다.

오스트레일리아의 젊은이들의 인생은 굉장히 편한 게 사실이다. 나는 가끔 젊은이들—대개 이십대—이 하는 얘기를 듣고 놀라지 않을 수가 없다. 요리와 세탁을 다 맡겨버리다니! 오스트레일리아의 젊은 세대 중 많은 수가 이십대가 될 때까지 완전하게 자라지 않는다. 이 말은 자기 자신을 돌보고 자기 식사를 챙기는 정도의 책임감도 없다는 얘기다. 남자일수록 더하다. 아마 이 글을 읽는 당신도 그런 남자 중의 한 사람과 결혼했을 수도 있다!

세계적으로 네팔에서 파푸아뉴기니, 니카라과까지 어린이들이 책임감을 갖는 것을 당연하게 여기고 있다. 그들은 대개 지켜보는 어른의 보호 하에(그들은 부유한 서구의 어린이들처럼 방치되어 있지 않다) 각자 매일매일 해야 하는 일이 있고, 그 일을 상당히 즐겁고 자랑스럽게 해낸다. 물론 노는 시간도 주어진다. 대부분의 다른 문화권에서는 이렇게 유년기에도 일을 하여 결과적으로 유년기에서 성인의 생활로 쉽고 자연스럽게 흘러가게 된다. 어쩌다가 우리는 유년기를 진짜 인생이 시작되기 전의 '대기실'이라고 생각하게 되었는지 모를 일이다.

아이들이 나중에 자립적인 어른이 될 수 있도록 우리가 할 수 있는 일이 있을까? 물론이다. 그리고 그 방법 중의 하나는 아이들에게 일거리를 주는 것이다. 저녁 식탁에 수저를 놓게 한다든지 하는 정도의 작은 일은 만 두 살 정도의 아주 어린

나이부터 시작할 수 있다.

아이가 자라남에 따라 일거리를 점점 늘려나간다. 규칙적이고 쉬우며 스스로를 돌보는 것과 관련 있고 가족 전체에 도움을 주는 그런 일을 골라본다. 만 네 살이 되면 자기가 다 먹은 접시를 설거지통에 넣는 것뿐 아니라 식탁 차리는 것까지 도울 수 있다. 아이들이 자랄수록 일거리를 조금씩 늘려주는 것은 어렵지 않다. 아이들이 일을 할 때가 되면 그것을 주지시키고 일을 끝낸 후 확인 및 뒷정리를 해주는데, 시간이 지나면 아이들이 스스로 기억해서 하게 한다. 칭찬을 해주고 자랑스러워하되 지나치면 안 된다. 이건 당연한 일인 것이다.

요즘은 자존심이라든가 스스로 자부심을 갖는 것, 아이들이 노력하는 것을 높이 사는 것 등이 대단한 일로 여겨진다. 그러나 더 중요한 것은 진짜 자존심이란 주위에 기여를 함으로써 형성된다는 걸 아는 것이다. 자기 자리를 모르고 주위에 기여를 해보지 않은 어린이들은 스스로 '꼬마천재'로 잔뜩 부풀려진 자화상을 갖게 되는데, 무조건 자기를 최고로 위해주었던 부모로부터 떨어져 세상 속으로 나오면 결국 이 넓은 세상의 작은 한 점에 지나지 않는다는 걸 알게 되고 그 자만심은 풍선에 바람 빠지듯이 쭈그러들 뿐이다.

일의 종류나 강도를 조금씩 변화시켜가며 자연스럽게 일거리를 주면 나중엔 일거리를 주기가 쉬워집니다. 아주 어려서부터 집안일을 도우면서 자라난 십대들의 경우 안 하겠다고 반항하는 일은 없습니다. 항상 해왔던 일이니까요. 아이가 열여덟 살이 되면 집안일을 부모만큼 할 수 있게 한다는 목표를 세우십시오. 가족들의 식사를 적어도 일 주일에 한 번은 준비하고, 다른 집안일이나 가족 일에 대한 책임을 나누어줄 것. 아이들에게 일을 분담시킬 때는 아이가 좋아하고 즐거워하는 일과 시큰둥하고 재미없어하는 일을 골고루 섞어줄 것. 세상살이가 그렇듯이 언제나 입맛에 맞는 일만 골라 할 수는 없다는 걸 현실적으로 알려주는 게 좋습니다.

공부는 어떻게 해야 할까요? 시험기간 같은 때는 조정이 필요하

겠지만 대체적으로 공부와 집안일 돕기는 항상 해야 하는 일이므로 그만두게 하지는 마십시오.

요리, 청소, 세탁, 애완동물 돌보기, 예산 짜기, 시간관리, 가족간의 협상 및 팀워크에 이르기까지 일상의 모든 기본 영역에서 자녀의 경쟁력을 키워주는 것이 목표임을 잊지 마십시오. 아이가 자라 집을 떠날 즈음이 되면 스스로를 돌볼 준비가 완전히 된 상태로 자립할 것입니다. 사실 이런 집안일에서 해방되기 위해 더 빨리 독립해 나갈지 누가 알겠습니까?

6 가족의 형태

—아빠? 누가 아빠지?

'가족'이라고 하면 어떤 모습이 떠오르십니까? 나이 든 세대라면 30~40명 정도가(고모들, 삼촌들, 사촌에 조카에 팔촌까지) 북적거리던 모습을 떠올릴 겁니다. 친척들이 대부분 한 동네에 살았고 매주 일요일 저녁을 같이 먹는다든가 명절이니 제사니 해서 자주 모였습니다.

오늘날 우리가 가족이라고 부르는 것은 전혀 '가족'이라고 할 수가 없습니다. 자동차가 발명된 이후 우리는 뿔뿔이 흩어져 살기 시작했으며 진짜 가족을 가져보지 못했습니다. '엄마 아빠, 아이 셋과 강아지 한 마리'의 가족은 '가족'의 한 조각에 불과할 뿐이고, 이런 핵가족화는 갖가지 문제의 원인이 됩니다.

그런데 이 모습마저 변화하기 시작합니다. 오늘날 오스트레일리아의 평균적인 가정은 편부나 편모 가정, 의붓아버지나 의붓어머니 혹은 의붓형제와 함께 사는 가정이 된 것입니다. 이게 꼭 나쁘다는 것은 아니지만 생활모습은 확연한 변화를 가져왔지요.

이런 변화는 아이들에게 어떤 영향을 끼칠까요? 우리가 찾아낸 것은 가족의 형태가 매우 중요하다는 것과, 가정이란 곳을 좀더 바람직하고 좋은 모습으로 만들기 위해서 그 형태를 바꿀 수 있다는 것입니다.

여기 정부의 가족정책 수립을 위한 스티브 비덜프 계획안이 있습니다!

예를 들어봅시다. 어떤 이들은 가족이 해체되는 이유를 사회 전체가 부도덕하고 병들어 있기 때문이라고 합니다.

"넌 또 어딜 싸질러다니는 거냐?"

"아 참 엄마도, 친구놈들이랑 그냥 가볍게 차나 훔치려구요."

"집에 늦게 들어오기만 해봐!"

겉으로 보면 맞는 말인 듯하지만 진짜 원인은 다른 데 있습니다. 그렇다면 무엇이 가족을 해체시키는 걸까요? 거리의 깡패들이 자란 곳을 본 적이 있습니까? 아니면 벨파스트(북아일랜드의 도시. IRA의 본거지로서 거리 곳곳에서 거칠고 폭력적인 사건이 많이 발생한다—옮긴이)나 소위토(남아프리카 공화국의 도시. 흑인 거주구역의 빈민가—옮긴이)의 생활환경을 본 적이 있습니까?

제일 먼저 중요시되는 문제는 가정의 수입 정도입니다. 생활수준이 기준에 못 미치면 어느 누구도 아이들을 행복하게 키울 수가 없습니다. 생활수준이 기준보다 높아지면 물질보다는 인간관계가 더 절실해집니다. 건강한 가족생활을 위해서는 교육문제, 지역사회의 발전, 소속감과 참여의식, 더불어 같이 사는 협동정신 등이 반드시 필요한 것으로 부각됩니다.

이 필요조건들을 비용으로 본다면 아주 싸게 먹히는 것들입니다. 간단한 예로 제 친구는 신경쇠약으로 고통받는 사람들끼리 서로 돕는 모임을 운영하고 있는데, 만약 이 모임을 통해 신경쇠약 환자들이 해마다 두 사람씩 병원 신세를 지지 않아도 된다면 거기에 드는 비용은 그 친구의 월급 정도밖에 안 되는 것입니다. 사실상 그 친구가 이루어내는 성과는 훨씬 더 크지만요.

수천 년 동안 사람들은 촌락이나 조그만 마을에서 가족공동체를 이루며 살아왔습니다. 약 200년 전 현대적인 도시가 생겨나기 전까지는 친척들과 한 동네에서 같이 살았습니다. 그러므로 가족간의 관계는 다음 페이지에 나오는 그림같이 이루어졌습니다.

그림에서 알 수 있듯이 가족 구성원들의 수가 꽤 많았습니다. 힘들고 가난한 시절이었으며 전쟁으로 인한 사망과 신생아의 사망률이 높았으므로, 가족 단위는 아주 유효했습니다. 이런 경우를 한번 생각해봅시다.

미혼인 마비스는 아이들을 좋아해서 어린 제니를 가끔 자기 집에 데리고 있습니다. 제니의 엄마인 도리스는 제니말고도 아들이 셋이나 더 있으니 마비스가 큰 도움이 되지요. 도리스는 가끔 아팠고, 마비스는 일 주일에 한두 번 와서 요리와 청소를 해주곤 했습니다.

에니드의 남편 렌은 전사했습니다. 아들인 앵거스는 1920년에 태어났는데 남편이 죽은 전쟁은 1918년에 끝났으므로 당연히 구설수에 올랐지요. 그러나 에니드가 남동생 윌프레드와 그의 아내 나오미와 함께 살게 되면서부터는 누구도 이 문제에 대해 알려고 들지 않았습니다!

할아버지는 가끔 적군이 쳐들어온다며 전쟁이 일어났던 옛날과 지금을 혼동하는 등 정신이 오락가락할 정도로 고령입니다. 다행히 막내아들 브랜스턴이 집에 남아 늙은 아버지와 농장을 돌봅니다.

윌프레드는 아이들을 싫어하고 자주 집을 비웠습니다. 그러나 아서가 아이들을 좋아해서 낚시질이나 크리켓 등에 데리고 다녔으므로 그리 나쁘진 않았지요.

이 가상의 가정에 나오는 24명의 가족이 전부 한 집에 사는 건

과거의 대가족

할머니의 자매들
제인과 도린
(제인의 남편 로이는 사망)

할머니
(9명의 자녀를 낳았으나 3명은 출산중 혹은 유아기 때 사망)

마비스, 독신

도리스, 아서와 결혼

월터, 1차대전에서 전사

자녀
네빌
제니
제프리
앨버트

할아버지
(돌봐줄 사람이
필요함)

할아버지의 형제
체스윅
(부인 에니드는 사망)

브랜스턴,
부모와 함께 집을 지킴

에니드, 렌과 결혼
(렌은 1차대전에서 전사)

윌프레드, 나오미와 결혼

자녀
앵거스

자녀
소피
에마
페이스
호프
데스몬드

아닙니다.(여기에는 전부 여섯 가구가 등장합니다.) 그러나 거의 매주 얼굴을 마주치고 삽니다. 이 가족공동체는 전쟁과 질병, 죽음, 에니드를 임신시키고 도망가버린 스코틀랜드인 정부 등 여러 가지 어려움과 역경을 함께 견뎌냈습니다. 모두가 한 가족이었고 서로를 보살폈던 것입니다.

어려운 시절이었습니다만 비교적 분명하고 일정한 태도를 가지고 있었습니다. 부모로서는 아주 유리한 점이었습니다. 즉 옳은 것은 옳은 것이고 틀린 것은 틀린 것이었습니다. 여러분이 자녀가 원하는 것을 해줄 수 없다면 다른 누군가가 대신했습니다. 여러분은 결코 혼자가 아니었으며 충고와 도움, 참고할 본보기가 얼마든지 있었습니다. 여러분이 가정을 꾸리고 아이를 갖기 전에 조카들이나 어린 동생을 돌보며 육아를 연습할 기회가 충분히 있었습니다. 심지어 아이를 낳지 않기로 결정했더라도 외로울 염려는 거의 없었습니다.

한편으로는 많은 제한과 의무가 있었던 것도 사실이므로 설령 그 시절로 돌아갈 수 있다고 해도 다시 그런 대가족에 낄 사람은 별로 많지 않을 것입니다. 그러나 그 시절엔 오늘날의 부모에게 필요한 것들이 많이 있었습니다. 그렇다면 그것만 가져올 수는 없을까요? 저는 그렇게 할 수 있다고 생각합니다. 이제부터 그 방법을 얘기해보겠습니다.

꼭 가족끼리만 돕는 것은 아니다 —마음만 있으면 된다

현대 가족의 외로운 모습을 봅시다. 편부 혹은 편모 밑에서 자라는 아이.(어떤 사람들은 이보다 더 외로운 결합도 있다고 주장합니다. 즉 불행한 결혼생활을 하는 부부가 더 심하다는 것이지요.) 무엇이 빠져 있는 걸까요?

할아버지 할머니가 가까이 살지 않습니다. 오늘날 우리는 너무 자주 이사를 다닙니다. 아이를 좋아하는 삼촌이나 이모 같은 어른이 주위에 없습니다.

아버지 역할을 해줄 사람이나 아이를 훈계하도록 뒷받침해줄 사람, 어떤 결정을 내려줄 사람이 없습니다.(편모 가정의 경우)

여자아이만의 독특한 심리를 이해해주거나 학교 선생님을 찾아가 상담하거나 훈계와 결정을 같이 나눌 수 있는 여성이 주위에 없습니다.(편부 가정의 경우)

집 밖에서 안전하게 뛰어놀 수 있는 장소와 함께 놀 친구, 아이들이 갈 만한 곳이 없습니다.

여러분에게 정말 어려운 일이 닥쳤을 때 진심으로 믿고 의논할 수 있는, 혹은 '가족'이니까 아무 조건 없이 도와줄 수 있는 누군가가 없습니다.

그러나 한 가지 분명한 사실이 있습니다. 이런 것들이 없다고 해서 여러분이 이런 것들을 아예 찾아볼 수도 없다는 얘기는 아닙니다. 나이든 분들 중에는 아이들을 굉장히 좋아하는 분들이 있습니다. '친할아버지 친할머니'를 근처로 모셔올 수 없다면 할아버지

할머니 노릇을 대신할 수 있는 사람을 찾으면 되지 않을까요? (여러분이 집에 도배를 하거나 칠을 하는 동안에 그분들이 아이를 돌봐주실 겁니다!)

여러분 주변에는 편부나 편모 가정 혹은 부모가 다 있는 경우라도 무척 외롭게 지내고 있는 가정들이 있습니다. 여러분은 사람들이 타파웨어 파티(타파웨어라는 상표의 플라스틱 그릇을 가정집에서 사람들을 모아놓고 판매하는 모임—옮긴이)에 정말 플라스틱 그릇을 사러 간다고 생각하십니까? 그들은 뭔가 할 일을 찾아서, 얘기할 상대를 찾아서 가는 것입니다. 다른 부모들 역시 얘기할 상대가 없는 건 마찬가지입니다.

미래의 대가족

여러분은 지역사회 내의 소규모 모임을 찾아갈 수 있습니다. 어린이 놀이그룹(오스트레일리아에서 볼 수 있는 일종의 공동 놀이방. 동네에 한두 개씩 있으며 탁아시설과는 좀 차이가 있다. 아이가 있는 주민들끼리 모여서 각 가정의 아이들을 모아 같이 놀게 해주는 곳—옮긴이) 같은 데 가면 마치 외할머니 댁에서 일요일 오후를 보내는 것처럼 지낼 수 있습니다. 아이들끼리 함께 노는 가운데 부모들은 서로 이야기를 나눌 수 있습니다. 문화센터에서 하는 강좌도 사람들을 만나기에 좋은 장소이며 상당히 우호적입니다. 학교, 유치원, 소아과 병원, 환경보호 모임, 체육관, 교회—그 어느 곳이든 여러분에게 적당한 곳을 고르면 됩니다.

그러나 말처럼 쉽지만은 않을뿐더러 이사를 할 경우에는 처음부터 다시 시작해야 합니다. 그렇다 해도 자기 자신을 위해서라기보다 자녀들을 위해서 이런 '대가족'을 만들 수 있습니다.

부부와 한두 명의 아이로 이루어진 전형적인 핵가족이라 할지라도 가족형태라는 측면에서 보면 또다른 중요한 문제가 있습니다.

부부 둘만 있는 신혼의 가정이라면 문제는 간단합니다. 단지 둘뿐이니까 아주 행복한 시간을 보낼 겁니다.

얼마 후 아이가 태어나면 상황이 복잡해지기 시작합니다. 대부분 다음의 세 가지 상황 중 하나를 경험합니다.

이 세 가지 상황을 전부 경험했을 수도 있습니다. 아이가 하나 더 생기면 상황은 더 어려워집니다.

때때로 가족 내에서 끼리끼리 편을 만드는 경우가 있는데, 자연스러운 일이긴 하지만 가족관계가 그렇게 굳어져버리면 좋지 않습니다.

도움을 필요로 할 만큼 가족관계에 문제를 겪고 있는 많은 가정을 통해 우리가 알아낸 사실은 부부간의 애정과 친밀도가 대단히 중요하다는 것입니다. 서로에게 깊은 애정과 관심이 있는 부부의 자녀들이 가장 편안하고 행복하게 자라는 경향이 있습니다. 그 부부들은 자녀들이 끼어들려고 해도(아이들은 끼어들려고 합니다!) 쉽사리 끼어들기 어려울 정도로 가까운 사이입니다.

'세상에서 제일 좋은 성교육은 엄마가 부엌에서 일하는 동안 아빠가 지나가며 슬쩍 꼬집고 그래서 엄마가 기분좋아하는 걸 보게 하는 것이다!' 라는 발언을 해서 유명해진 어느 전문가가 있습니

다. 그의 말에 따르면 그 외 나머지 것들은 저절로 해결된다는 겁니다! 남녀평등을 주장하는 분들을 위해 전 그 반대로 엄마가 아빠를 살짝 꼬집는 것도 좋을 거라고 확신합니다.

사실상 아이들은 엄마 아빠가 부부로 시간을 보내는 동안에 자기들이 끼어들 수 없다는 것에 안심하는 경향이 있습니다. 만약 여러분이 이런 스타일이 아니라면, 즉 배우자와 이야기를 나누는 도중에도 아이가 찾는 소리가 나면 얼른 달려가는 편이라면 스타일을 바꾸는 게 좋습니다.

다음과 같은 경우에 문제가 발생할 수 있습니다.

- 엄마가 아이를 야단치고 있는데 아빠가 자주 아이를 편드는 경우
- 배우자를 대신해서, 혹은 배우자보다 더 아이에게 애정과 지지를 구하는 경우
- 아이가 부모의 역할을 하도록 자주 강요받을 때, 예를 들면 동생들을 돌본다든지 부모만이 내릴 수 있는 결정을 분담해야 하는 경우 등

언젠가 어느 친척이 막 아버지를 여읜 아홉 살짜리 소년에게 별 의미 없이 "넌 이제 어른이니까 엄마를 돌봐드려야지" 하고 말하는 걸 듣고 몹시 화가 난 적이 있습니다. 아이는 어디까지나 아이입니다!

모든 사람은 다 다르고, 언제나 정확한 충고란 없습니다. 다만 제가 발견한 일반적인 원칙들을 알려드릴 뿐입니다. 이 원칙들은 여러분과 여러분 자녀에게 올바로 적용될 수도 있고 그렇지 못할 수도 있습니다.

• 부모 중 어느 한쪽이 없는 가족의 경우 아이들은 혼자된 엄마나 아빠가 주변의 누군가와 아주 가깝고 애정이 깃들인 인간관계를 가지고 있을 때 더 행복해합니다. 그 사람이 생모나 생부이든 이성친구이든 크게 상관은 없습니다. 중요한 것은 자신의 엄마 혹은 아빠가 최소한 한 사람 정도의 특별한 '다른' 어른으로부터 행복하게 도움을 받고 있다는 사실입니다.

• 아이들은 자신들에게 갈등이 생기면 무척 괴로워합니다. 그러나 더 괴롭게 여기는 것은 부모의 결혼이 깨지는 것입니다. 이것은 조사 결과에 명확하게 나타나는 사실입니다. 부부간에 문제가 있다면 카운슬링이나 다른 도움을 찾아 해결하도록 애써야 합니다. 이 세상의 어떤 결혼에도 흉터는 있게 마련입니다. 그러니 두려워하지 마십시오. 배우자가 폭력적이거나 마약과 도박에 빠져 있지 않다면, 알코올 중독이거나 상습적으로 거짓말을 한다거나 의사소통에 어려움을 느끼는 사람이 아니라면 상황을 개선할 여지는 많습니다. 물론 많은 노력이 필요한 일입니다.

어느 부부가 이혼을 하기 위해 가정법원에 나타났다. 남편은 91세였고 아내는 86세였다. 판사는 그렇게 오랜 세월을 함께 살고도 왜 이혼하려고 하는지 물어보았다. 그들은 다른 많은 부부들처럼 "더이상은 못 참겠습니다"라고 대답했다. "그렇다면 왜 그토록 오랜 기간 같이 사셨나요?" 하고 판사가 조심스럽게 묻자 그들은 이렇게 대답했다. "우리 애들이 죽을 때까지 기다려야 했기 때문이지요."

당신이 혼자된 엄마라면?

혼자 부모 노릇을 한다는 것에는 장점도 있고 단점도 있다. 장점으로는 아이 양육문제를 놓고 서로 생각이 달라 배우자와 갈등할 필요가 없다는 것 등이 있다. 혼자된 엄마들은 종종 생활이 훨씬 편하다고 말한다. 그러나 혼자 감당하기가 힘들다고 얘기하는 점들노 많다. 이를테면 아이를 훈계해야 하는 경우가 그러하다.

아이들이 자라는 동안 가끔은 강인함과 끈기를 가지고 상대해야 되는 시기가 있다. 특히 남자아이들의 경우 일정 연령이 되면 홀어머니가 지도하기가 대단히 어려워진다. 어떤 아이들은 강한 자극을 주는 갈등을 원하는 것 같기도 하고, 다른 사람들이 참기 힘들 정도로 고집을 부리고 반항하는 경향이 있는 것 같다. 간단히 말해서 실제 싸움을 원하는 듯 보여서 싸우게 내버려두면 안정을 찾는다. 이런 시기에는 아빠가 있으면 훨씬 쉬워진다.

아빠 역할과 엄마 역할은 성격이 전혀 다르며 아이의 바람직한 성장을 위해서는 두 가지 다 필요하다. 만약 엄마가 아빠 노릇을 할 수 있다면 아빠도 엄마 노릇을 할 수 있다. 남녀평등 시대가 주는 교훈은 명확하다. 여자와 남자는 크게 다르지 않다. 여자는 남자가 할 수 있는 어떤 일이라도 할 수 있으며 그 반대도 마찬가지이다.(물론 생물학적인 예외는 있다.) 굳이 차이점을 찾자면, 남자는 본성적으로 아이들에게 엄격하게 대하는 걸 별로 어려워하지 않는다는 점을 들 수 있다.

혼자 자녀를 키우는 어머니들은 이 난관을 극복하기 위해 많은 에너지를 쏟아야만 한다. 왜냐하면 남자들의 호전적인 기질은 이런 일에 적격인 데 반해 어머니들은 이 기질을 애초부터 가지고 있지 않기 때문이다. 홀어머니들은 강인함을 얻기 위해 노력하는 동시에 여성 특유의 자애심과 분위기를 부드럽게 만드는 능력을 잃지 않도록 해야 한다.

혼자된 많은 부모들의 말에 따르면 일단 이 방법을 습득하고 나면 점차 요령이 생겨 감당하기가 쉬워진다고 한다. 그들은 '기어를 바꾸는' 것을 배운 것이다.

부부 타임—하루의 10분이 결혼생활을 성공으로 이끈다

하루중 최악의 시간을 최고의 시간으로 바꾸고 싶은가? 로맨스, 따뜻함, 우정과 위안을 얻고 싶은가? 그렇다면 다음과 같은 방법을 날마다 혹은 필요하다고 생각될 때마다 시도해볼 것. 저녁 시간을 즐겁게 만들고 결혼생활을 행복으로 이끄는 방법들이다.

요즘 많이 볼 수 있는 맞벌이 부부의 경우, 각자 집에 도착했을 때 일단 모든 일—식사, 집안일, 아이 치다꺼리 등을 해치우고 난 다음에 휴식을 취하는 버릇이 있다고 하자. 아이가 아직 어려서 저녁 7시에 잠들어버린다면 문제가 없다. 그러나 그 시기는 곧 끝나며, 아이가 자라면서 잠드는 시간은 더 늦어지므로 당신이 함께 있어줘야 되는 시간 역시 점차 길어진다.

예전에는 남편과 아내가 같이 있는 시간이 훨씬 더 많았고 생활리듬도 서로 맞았다. 오늘날은 일하는 템포가 과거와 다르고 근무시간대도 다양해져서 맞벌이 부부가 귀가하면 정신없이 휘몰아쳐야만 되는 실정이다. 따라서 부부가 함께 연결되어 있다는 느낌을 갖기도 어렵다. 사실상 많은 부부가 저녁 내내 티격태격하며 식사를 하고 아이를 돌보다가 밤이 깊어서야 마음이 합쳐지기 시작한다. 그것도 그럴 마음이나 힘이 남아 있어야만 가능한 일이지만!

그러므로 가능한 한 빠르게 마음을 합치는 노력이 필요하다. 그 방법은 다음과 같다.

1. 만나기! 부부가 각자 집에 도착하면 일단 몇 분 동안이라도 함께 앉는다. 앉아 있는 동안에는…….

2. 먹기! 간편하고 영양가 있는 간식을 먹는다. 견과류, 치즈,

과일, 케이크 등 허기진 배를 채워주면서 곧바로 에너지를 공급해주는 간식을 먹는다. 다음에는…….

3. 아이들은 잠깐 옆으로! 아이들이란 언제 어디서든 옆에 있으면 항상 신경 쓰이게 하는 존재이므로 이 시간만큼은 다른 방에 있게 하거나 같은 방에 있더라도 잠시 신경을 끊는다. 단 10분만이라도 부부만의 시간을 가져라. 아이들 차례는 금방 돌아온다.

4. 마시기! 당신이 술을 조금이라도 마신다면 이 시간을 택할 것. 간식과 함께 마시는 와인 한 잔이나, 맥주 한 잔은 낮 동안에 쌓인 긴장을 풀어준다. 지금부터는 마음 푹 놓고 느슨해질 수 있는 시간임을 온몸으로 느낄 것.

5. 이야기하기! 만약 이야기를 나누고 싶다면 일단 좋은 쪽의 이야기를 하도록 명심할 것. '오늘 누가 더 나쁜 하루를 보냈는지 알아볼까?' 같은 부부간의 해묵은 경쟁심을 드러내는 화제는 전적으로 피할 것. 긍정적인 얘기를 나누거나 차라리 아무 말 없이 이 시간을 음미할 것.

이렇게 하고 나면 곧 저녁시간에 해야 되는 일들을 처리할 만큼 마음이 안정될 것이다. 허기를 가라앉혔으므로 가벼운 마음으로 편하게 요리를 할 수도 있고, 하루 종일 집 밖에 있었으므로 자녀들과 함께 하는 시간을 가질 수도 있다. 당신의 전체 리듬, 심지어는 심장박동까지 배우자와 일치되어 있어 모든 것이 순조롭게 흐르는 것을 느낄 것이다.

이 방법은 너무나 간단하지만 날마다 잠깐씩이라도 실천해 본다면 그 효과는 무척 크다. 결혼생활에 확실한 도움을 준다.
"지금 당장 해보시라니까요!"

휴우~
(이제 한숨 좀 돌려볼까?)
흐음~
(향기 참 좋지?)
에이~
(좀 있다 와야겠는걸…….)

7 나이와 단계

—이게 정상이란 말이죠?

아이들은 나이에 따라 변하기 마련입니다. 세 살 때에는 먹히던 얘기가 일곱 살이 되어서는 안 먹힐 수가 있고, 십대가 되면 또 달라집니다. 아이들이 나이에 따라 어떻게 달라지는지 알아두어야 아이의 행동을 좀더 정확히 이해하고 최선의 대응책을 찾을 수 있습니다.

나이에 따른 단계 개념은 『자존심: 가족 전체의 일』이라는 진 아일리 클라크의 책에서 인용했습니다. 전 이 내용을 수천 명의 부모와 이야기해보았는데, 거의 모든 분이 "세상에, 너무너무 정확하게 들어맞네요" 하고 공감하거나 "진작에 알았더라면!" 하는 반응을 보였습니다.

어린이의 성장단계

0～6개월 : 내가 이 사람들을 믿을 수 있나?

6～18개월 : 세상 대탐험!

18개월～3세 : 생각하는 것 배우기

3～6세 : 타인들

6～12세 : 내 맘대로 할래!

12～18세 : 스스로 살아갈 준비 하기

단계별로 자세히 살펴보겠습니다.

내가 이 사람들을 믿을 수 있나—0~6개월

아기는 마치 다른 혹성에서 온 외계인처럼 이 세상에 등장합니다. 아기가 태어나 처음으로 가지는 생각과 느낌은 아마 다음과 비슷하지 않을까 싶습니다.

'지금 괜찮은 데 있는 걸까?'

'누가 날 먹여주지?'

'내 따뜻한 물침대(자궁)가 어디로 갔지?'

'이 사람들(부모)은 친절해 보이는군. 어떻게 하면 내 곁에 잡아둘 수 있을까?'

'지금 내가 깔고 앉아 있는 이 퀴퀴한 건 뭐지?'

지금 막 세상에 나와 모든 걸 '있는 그대로 받아들이기' 시작한 아기에게 네가 원하는 게 뭔지 알려달라거나 그것에 대해 이러쿵저러쿵하는 것은 아무 소용 없는 일입니다. 다만 말 못 하는 아기가 필요로 하는 것(기저귀 갈기, 젖 먹이기, 안아주기, 트림시키기, 안고 서성대기 등)을 우리가 짐작해서 제공해줄 뿐입니다.

아기가 뭔가 필요해서 울 때에는 어른들이 모른 척하면 안 됩니다. 방치된 채로 오랫동안 울게 되면 아기는 수동적이 되고 스트레스를 받기 때문입니다. 반면 아기가 귀청이 찢어져라 하고 잠깐동안 울게 하는 것도 중요합니다. 아기는 이 짧은 울음으로 자기에게 뭔가 필요하다는 것을 스스로 알릴 수 있고, 누군가가 자기를 도와줄 것이라는 것을 배울 수 있기 때문입니다. 항상 아기가 울기 전에 젖을 물리는 버릇을 들이면 나중에 자라서 자기가 원하는 게 뭔지 알 수 없게 되는 경우도 있습니다.

아기를 마사지해주고 안아주는 것, 이런저런 소리를 들려주는 것, 얼굴을 들여다보며 웃어주는 것 등은 모두 아기를 행복하고 즐겁게 만들어서 좀더 쉽게 잠들고 먹고 배우게 도와줍니다. 아기에게 변비가 있을 경우 마사지를 해주면 놀라울 정도로 빨리 낫는답니다! (효과가 금방 나타나므로 미리 준비하세요.)

다른 문화권에서는 아기들이 띠나 포대기 등으로 업혀다니는 것을 볼 수 있습니다. 발리 섬의 전통 중 하나는 신생아가 6개월이 될 때까지 절대 '땅에 내려놓지 않는' 것입니다. 그 기간 동안 아기는 항상 누군가의 품에 안겨 있습니다. 물론 우리에게는 이것이 불가능하겠지만 생각해볼 가치가 있는 일입니다.

세상 대탐험!—6~18개월

이 시기는 당신이 수업료를 낼 필요도 없이 아기가 스스로를 가르치는 때입니다. 아기는 자기를 둘러싼 크고 아름다운 세상으로 나아가 눈에 뜨이는 모든 것을 맛보고, 쥐어보고, 밀어보고, 들어보고, 잡아당겨보고, 먹어봅니다.

세상을 탐색하는 단계를 제대로 겪지 않으면

1970년대 중반에 나는 실무 경험이 없는 심리학과 졸업생이었다. 어린이보다는 쥐에 대해 더 많이 아는 형편이었다.

첫 직업은 교육청의 학업지도사였는데, 상관의 말에 의하면 교사들이 바보라고 여기는 어린이들을 상담하는 것이 내 임무였다. 내 일은 기묘한 지능 테스트를 실시하고 교사들에게 그 아이들이 얼마나 모자라는지 말하는 것이었고, 그게 아이들 교육에 도움이 되는 줄로만 여기고 있었다.

나는 이런 일을 고안해낸 상관들을 비난하지는 않는다. 9개 학교에 소속된 3천여 명이나 되는 아이들의 심리적 건강을 책임지는 엄청난 일을 하는 가운데 이 기묘한 테스트는 적어도 어떤 결과를 보여주기는 하니까.

나는 단순한 IQ검사보다는 좀더 실질적인 도움이 될 수 있는 뭔가를 하기로 결심했다. 독해력에 문제가 있는 지진아들에게 읽기를 가르쳐줄 어머니들을 모아 훈련시켰고, 교사들에게는 자부심에 관한 설명회를 열었다. 근심에 시달리는 부모들의 상담에도 인내심을 갖고 임했다. 그러던 어느 날 학교에서 문제를 일으키는 한 소년의 어머니를 만나기 위해 가정방문을 갔다. 집은 변두리에 있었고 낡아 보였다.

집 안으로 들어서기 전에 넥타이를 풀었다. 소년의 어머니와 이야기를 나누면서 어색함을 느꼈는데, 그녀는 상당히 나이들고 지쳐 보였다. 우리가 부엌에서 얘기하는 동안 소년은 닳아 빠지고 먼지가 뽀얗게 쌓인 바닥에 무표정하게 앉아 있었다. 블록이나 장난감 같은 건 찾아볼 수 없었다. 가끔씩 소년은 찬

장문을 열고 그릇이나 수저 따위를 꺼냈다. 소년의 어머니는 일어서서 아이를 나무라고는 찬장문을 소리나게 쾅 닫고 얘기를 계속했다.

집으로 돌아오는 차 안에서 나는 화가 났고 무력감을 느꼈다. 그 어머니가 가진 '착한 아이'란 개념은 말이 없고 가만히 앉아만 있는 아이였다. 나는 알 수 있었다. 갖고 놀 장난감도 없고 나가 놀라거나 책을 읽으라는 격려도, 옛날이야기도 접할 수 없는 그 아이는 다음과 같은 꼬리표를 단 채 학업지도사의 명단에 수년간 올라 있었을 것이다. '정신적 결함이 있는 것으로 사료됨.'

집 안에 아기가 놀 수 있는 안전한 공간을 따로 만들어놓으면 "이건 안 돼" 같은 말을 입에 달고 다니지 않아도 됩니다. 오디오 같은 것은 높은 곳에 올려두고 벽지를 새로 바꾸는 것도 잠시 보류합시다. 그래야 부모 마음도 편하고 아기도 자유롭게 돌아다닐 수 있습니다.

이 시기의 아이들에겐 바른 자세로 앉는다거나, 재롱을 부리거나, 대소변을 잘 가리는 것 등을 억지로 시켜서 압박감을 느끼게 하지 말고 자유롭게 둬야 합니다. (이 시기는 대소변을 조절하는 괄약근이 아직 제대로 발달되지 않은 상태입니다.)

이 시기의 아이들은 신체적으로 금방 지치게 되므로 (아이가 돌아다니다 지쳐 곤히 잠든 동안) 같이 휴식을 취하거나 다른 일을 할 수도 있습니다. (막간을 이용해서 당신도 탐험을 해보는 것은 어떨까요!)

생각하는 것 배우기—18개월~만 3세

이 시기부터 아이들은 이유를 붙이기 시작합니다. 일이나 사물에 대해 이런 식으로 간단한 설명을 해주면 좋습니다. "네가 고양이를 너무 세게 안으면 고양이가 무서워한단다. 부드럽게 쓰다듬는 걸 가르쳐줄게."

또한 화를 내거나 '아니 난 싫어'라든지 '안 할 거야' 등의 말을 배웁니다. 어떤 사람들은 이 시기를 '끔찍한 두 살'이라고도 표현합니다. 부모들이 명확한 한계를 그어주는 것이 필요한 시기입니다.

아이들은 부모의 한계를 시험하려 들 것입니다. 부모는 반드시 첫째도 엄격함, 둘째도 엄격함, 셋째도 엄격함을 유지해야 합니다. (초지일관!)

여러분의 기운이 다 빠져버리기 전에 무엇이 중요하고 그렇지 않은가를 미리미리 결정해놓도록 합니다. 아이는 때로 간섭받기 싫어하다가도 순식간에 또 굉장히 의존적이 됩니다. 이런 경향은 특히 갓난아기가 등장할 때 더 나타납니다. 이것은 자연스러운 현상이며 자기 욕구가 충족되면 아이는 다시 '성장'을 시작합니다.

타인들—만 3~6세

이 시기의 어린이들은 다른 아이들과 어울려 놀다가 또다른 아이들에게 놀러 가는 식으로 성장합니다. 같은 또래의 아이들과 함께 배우면 도움이 됩니다. 동시에 끊임없이 질문을 던지는 때이기도 합니다. 언제? 왜? 어떻게? 만약 ~한다면? 왜 안 돼? 왜 또?

너무 재잘거려서 정신이 없을 지경이라면 이 시기에 언어발달이 이루어진다는 것을 기억하십시오. 그리고 언어치료비라든가 비싼 수업료를 절약하게 해준다는 점도 잊지 마십시오!

부모가 아이를 놀려대거나 비웃는 것은 결코 바람직하지 않습니다. 특히 인격이 형성되고 주변 사람들의 태도나 인간성에 쉽게 동화되는 시기이므로 주의를 기울여야 합니다.

이 시기의 아이들은 환상과 현실을 잘 구분하지 못합니다. 부모는 둘의 차이를 구별해서 가르쳐줘야 합니다. 예를 들어 아이가 "나는 괴물이다!" 하고 말하면 "너는 괴물 흉내를 잘 내는구나!" 하고 대답해주십시오.

부모로서 자식이 올바르게 행동하도록 분명하게 말해도 되며, 단 구체적이고 긍정적인 말로 하는 게 이상적입니다. "어지르지 마"보다는 "네 장난감 자동차를 지금 치우렴" 하는 게 바람직합니다.

베라는 다른 사람들이 아이가 된 기분이 들 정도로 다정다감하게 챙겨주는 스타일의 어머니이다. 갓 구워낸 카스텔라 냄새를 떠올리면 쉽게 상상이 될 것이다.

그녀는 또한 머리회전이 빠르고 유머감각도 있어서 신출내기 심리학자를 주눅들게 만든다. 내가 그녀에게 뭘 가르치기보다는 그녀로부터 배우는 게 낫다고 여길 정도였고 실제로 많이 배웠다. 베라는 그녀의 여덟 살 난 아들 데일이 조급하게 화를 내서 문제를 일으키고 그게 점점 심해지는 것을 자세히 이야기했다. 하루는 아들이 하도 심하게 화를 내기에 어떻게 대처할지 곰곰 생각한 끝에 나름대로의 독창적인 치료법을 고안해냈다.

그녀는 아주 오래되어 먼지가 낀 가족앨범(그전에 아이들에게 한 번도 보여주지 않았던)을 꺼내서 데일과 함께 한 장 한 장 넘겼다. 베라는 가족 중 남자어른들, 소년 시절의 레스 할아버지, 작은할아버지 앨프, 사촌인 데릭 등을 가리키며 그들이 어디에 살았고 무엇을 했는지를 이야기해주었다. 아들이 풍상을 겪은 얼굴들과 옛날 옷차림들을 홀린 듯이 들여다보는 동안 설명을 했다. "앨프 할아버지는 좋은 분이셨지만 고집이 무척 셌지. 레스 할아버지는 어렸을 때 화를 잘 냈다는 얘기를 들었어." 데일은 이 이야기가 뜻하는 바가 뭔지 금세 알아차리지는 못하고 잠깐 조용해졌다. 베라는 모른 척하고 그냥 다음 페이지로 넘어갔다. "그렇게 화를 내는 성격이 나중에 어떻게 됐어요, 엄마?" "아 그거야 그냥 커가면서 고쳐졌지. 여기 봐라, 할아버지가 뛰었던 축구팀이 있네……."

곧 다른 아이들이 왔고 베라는 아이들끼리 앨범을 보게 해놓고 간식거리를 만들러 갔다. 데일은 이후 자기 성질을 억누르지 못하고 조급하게 화를 내버리던 것을 지긋이 누를 줄 알게 되었다. 베라가 데일에게 했던 말처럼 그냥 커가면서 고쳐졌구나 하면 될 것 같다.

내 맘대로 할래! ― 만 6~12세

이 시기의 아이들이 학교생활과 친구관계, 일상적인 생활들로 둘러싸인 자기들 세계 속에서 살아갈 수 있게 만드는 것은 아이 나름대로 터득한 '삶의 규칙'들에 관한 지식입니다. 여기에는 '만약 내가 이걸 저 여자애와 나눠 쓰면 쟤는 내 친구가 될 거야'부터 '내가 우비를 안 입으면 비를 맞게 될 거고 그럼 감기에 걸려 스케이트를 타러 갈 수 없게 되겠지' 등 광범위하게 온갖 것이 망라되어 있습니다.

부모는 일단 중요한 규칙들은 엄격하게 훈련시키고, 서로 협상할 수 있는 규칙들은 아이가 대화와 양보를 통해 절충할 수 있게 도와줍니다. 어른이 되어서도 생활의 중요한 부분을 차지하는 '기브 앤 테이크'를 이 과정중에 배우게 됩니다.

이 또래의 아이가 쉽게 수긍하지 않고 대들거나 말다툼을 벌일 때 부모가 독재자처럼 굴지 않고 순수한 관심을 보여준다면, 그것만으로도 아이가 한 번 더 생각을 가다듬게 할 수 있습니다. 그럼으로써 아이는 다른 사람의 욕구를 더 잘 이해하게 됩니다. 다만 부모는 자기 자신을 잘 절제해서 따듯함과 유머를 가지고 아이가 도전이나 논쟁을 계속할 수 있게 해주는 것이 핵심입니다.

스스로 살아갈 준비 하기—만 12~18세

이 단계에 이르러 자녀들이 독립적인 자기 생활을 하게 되는 것을 보는 부모의 심정은 착잡합니다.(기뻐하는 부모도 있겠지만) 자녀들은 집을 나서서 자기 생활을 하다가 귀가하고 다음날 또 나가는 일을 반복하면서 한 사람의 성인으로서 완전한 자기 인생으로 뛰어들 준비를 합니다. 자녀가 집을 떠나 아예 독립하지는 않았다 하더라도 그의 관심과 에너지는 온통 바깥에 쏠려 있습니다.

부모들 역시 부모 노릇에만 집착하지 말고 관심을 다른 데로 돌려야 합니다. 그래서 자녀의 인생을 간섭하거나 지배하지 않도록 해야 하며, 자녀를 한풀이의 대상으로 보아서도 안 됩니다. 특히 홀로 아이를 키운 부모들이 명심해야 할 부분입니다.

어떤 부모들은 겨우 운전기사 노릇을 하고 있다며 분개하기도 합니다. 대중교통에 문제가 있거나 밤거리의 위험 때문에 부모에게 태워다달라고 하는 것이지, 특별히 부모가 더 좋다거나 함께 있으려고 그러는 건 아니기 때문입니다. 그러나 그 시간을 적어도 자녀와 이야기를 나누는 좋은 기회로 삼을 수는 있습니다.

이 단계에서 나타나는 중요한 특징으로 세 가지를 들 수 있습니다.

첫째, 십대들의 행동은 밀려왔다가 또 금방 잔잔해지는 파도와 같습니다. 스스로 잘 알아서 하다가 한순간 밥을 달라거나 보살펴

달라고 보챕니다. 의젓하게 있다가도 뚜렷한 이유 없이 갑자기 반항적으로 대들고 트집을 부립니다. 그러나 이 점을 미리 알고 있다면 대처하기가 쉬워지겠죠. 물결의 높낮이에 따라 오르락내리락하면서도 꾸준히 앞으로 나아가는 파도인 셈입니다.

둘째, 성적으로 성숙해집니다. 우리 청소년들에게 섹스는 나쁜 것이 아니며 성적인 호기심은 건강한 것이긴 하지만 중대한 책임이 뒤따른다는 것을 알게 할 필요가 있습니다.

셋째, 부모의 품을 벗어나 홀로 서는 순간이 옵니다. 아이에서 어른으로 탈바꿈하는 이 시기를 비교적 쉽게 넘기는 아이들도 있지만 대부분의 아이들은 그렇지 않습니다. 계속되는 반항은 부모의 둥지에서 벗어나기 위해 애쓰는 것임을 알아두어야 합니다. 너무 심각하게 여기진 마십시오. 아이를 낳았을 때와 같이, 이제 다 자란 아이를 품에서 떠나보내는 것은 약간의 아픔이 뒤따르긴 하지만, 충분히 그럴 가치가 있는 일입니다.

아이가 갑자기 멍해진 것 같을 때

열세 살 정도가 되면 대부분의 청소년들은 약간 넋이 나간 것 같기도 하고 나사가 풀린 것 같기도 한 증세를 보인다. 이것은 성호르몬의 분비와 신체의 급속한 성장으로 인해 신경계 등에 무리가 오기 때문인 것으로 알려져 있다. 어떤 신호를 보내는지 관찰할 것. 보통때 침착하던 아들이 설탕그릇을 엎지르거나 딸아이가 양말을 한쪽만 신은 채 학교에 간다. 또 자기가 뭘 하려고 했는지를 까먹은 채 집 안 어딘가에 멍청하게 서 있다. 간단히 말하면, 똑똑하던 열두 살 아이가 갑작스럽게 아무 생각 없는 열세 살짜리가 되는 것이다.

이 단계를 이해하지 못하면 부모들은 굉장히 초조하거나 그 동안 애써온 게 몽땅 허사가 된 건 아닌가 생각할 것이다. 그러나 인내심을 갖고 다정하게 대할 것. 아이들도 어쩔 수 없는 상황이니까. 이런 시기는 두세 달이면 지나간다. 그 동안 숙제를 도와주고 해야 할 일이 무엇인지 챙기는 등의 노력을 기울이면 된다. 지나치게 잔소리하지 말 것. 이 시기는 또한 아이들이 착하고 온화한 때가 많으므로 아이와 더욱 가깝게 애정을 나눌 수 있다. 언제 그랬냐는 듯 곧 싸움쟁이 열세 살로 돌아가버리니까 차라리 이 기간을 즐겁게 만끽하시기를!

어린이와 TV — 계속되는 논란

대부분의 아이들은 TV를 많이 본다. 특히 오스트레일리아의 아이들은 학교에서 보내는 시간보다 TV 앞에서 보내는 시간이 더 많다! 시청시간뿐만 아니라 시청하는 TV 프로그램도 걱정거리이다. 아이가 십대 중반이 될 때까지 만화나 영화, 드라마 등을 통해 접하는 폭력장면과 사망장면은 수천 수만에 이를 것이다. 그것도 어린이 프로그램 시간만 두고 하는 말이다.

가장 심각한 문제는 폭력이 난무하고 생명이 경시되는 TV 앞에 그대로 노출되어 있다는 것이며, 두번째 문제는 TV 때문에 여러 가지 활동을 못 하게 된다는 점이다. 마음껏 뛰어놀기, 대화나 독서 같은 창의적인 활동을 해야 할 시간에 TV 앞에 최면술에라도 걸린 듯 앉아 있는 것이다.

TV를 보고 있는 아이를 자세히 관찰해보라. 약간 헤벌어진 입, 멍하게 화면을 응시하는 눈…… 아이들은 일종의 '세뇌상태'가 되는 것이 분명한데, 이 세상에 그 어떤 것도 이만큼 아이들을 수동적으로 만들고 흡수해버리지는 못할 것이다. 반면, 독서의 경우에는 글을 읽으면서 떠오르는 이미지들로 인해 아이들의 머릿속이 바쁘게 움직인다. 차를 타거나 마당에서 놀거나 서커스 같은 걸 구경할 때 아이들은 눈을 반짝이며 생기에 넘치고 자기 바깥과의 교류를 통해 세상의 모습을 자신의 마음속에 채워넣는다. 그러나 TV 앞에 앉으면 금방 다시 멍한 눈이 되고, 가장 왕성하게 움직여야 할 두뇌의 어떤 부분은 '꺼져버린' 상태가 되고 만다.

나이가 어릴수록 화면에서 보는 것의 영향을 더 많이 받는

다. 언젠가 네 살짜리 꼬마가 우리 집에 머문 적이 있다. 잘 시간이 되어 꼬마가 인사를 하러 왔는데, 우리는 TV의 한 코미디 프로그램을 보고 있던 중이었다. 마침 화면에서 ET같이 생긴 우주인이 나타나 손가락을 ET처럼 내밀었다. 그 손은 감자칩을 거절하고 사탕도 거부하더니 어느 어린애를 자기 쪽으로 끌어당겼다. 잠시 후 그는 트림을 했다! 그 장면은 실제로 끔찍한 모습을 담은 것이 아니었으며 그냥 어른들 세계를 비꼬기 위해 간접적인 표현으로 재미를 주려 했을 뿐이었다. 나는 꼬마가 아직 그 자리에 있는지 힐끗 돌아보았다가 꼬마 얼굴이 심각하게 굳어 있는 것을 발견했다.

"벤, 괜찮니?"

"저리 가!"

"왜 그렇게 화가 났어?"

"저 아이가 잡아먹혔잖아! 불쌍하단 말이야!"

꼬마는 울기 시작했다. 우리는 5분 동안이나 저 장면은 배우들이 연기한 것이고 실제 일어난 일이 아니라고 설명하며 꼬마를 달랬다. 우리는 벤의 동정심에 감동했고, 당하지 않아도 되는 고통에 노출시킨 것이 부끄러웠다. 또 벤이 악몽을 꾸진 않을까 걱정스러웠다. 그러나 좀더 자란 아이들은 별 반응 없이 끔찍한 장면을 잘 본다. 이미 면역이 돼버렸다는 것인가? 나쁜 일일까? 당연히 좋지 않은 일이다.

지도 요령

자녀의 TV 시청을 올바르게 지도하고 싶다면, 다음의 기준들이 TV 프로그램을 평가하고 선별하는 데 도움이 될 것이다.

언어—비어나 속어만을 문제삼지 말고 언어표현의 풍부함과 질을 따질 것. 간단하게 테스트하는 방법이 있다. 아이가 보는 프로그램을 1~2분 정도 화면을 가리거나 안 보이는 곳에서 말소리만 들어보는 것이다. 과연 아이들이 배우고 익혔으면 하는 말들인가?

상상력—어떤 아이들은 총쏘기·고함지르기·때리기 같은, 판에 박힌 놀이만 하고 논다. TV에서 보는 게 전부 이런 것들뿐이라는 얘기다. 다양한 종류의 주제를 가진 어린이 프로그램을 선택하는 것은 그렇게 어렵지 않다. ABC(오스트레일리아 국영방송) 비디오, 자연 다큐멘터리 비디오 등은 어린이들 스스로 선택한 최고급 비디오들이다.(이 프로그램들은 어른이 봐도 재미있을 정도이다.) 몇몇 어린이 영화나 프로그램들은 기가 막힐 정도의 상상력과 깊이 그리고 도전정신을 보여준다.

가치—이것은 프로그램 속에 숨겨진 메시지를 말한다. 아이들은 거의 무의식적인 상태에서 이 메시지를 받으므로 그 영향은 상당하다. 일반적인 문제들로는 다음과 같은 것들이 있다.

• 나쁜 사람, 즉 악한들은 따로 있다. 퉁명스러운 목소리에 우스꽝스럽게 생겼다. 모두 악당들이다. 악당을 죽이는 것은 괜찮다. 또다른 편은 다 좋은 사람들이다. 그들은 잘생겼고 상냥하다.

• 갈등은 항상 나쁜 놈들의 심술로 일어나며, 좋은 사람들은 복수를 한다. 일을 저지른 나쁜 놈들은 다치게 해도 괜찮다. 복수는 달콤하다. 이 대치구도에는 협상할 여지도 중간지점도 없다. 갈등이 생겨나는 이유도 갈등에 대한 설명도 없다. 오직 액션—폭력적일수록 좋다—만이 대답이다.

• 성역할 부분은 그야말로 구태의연한 의식이 그대로 남아

텔레비전은 우리
아들의 언어발달에
아주 많은 도움을
주고 있어요!
조나단, 이분께 인사드려야지.
안뇽하세용!
뿜빠라뿜빰 뿜빠바!
오늘을 짜릿짜릿하게!
뻥이 아니라니깐요!

있다. 〈슈퍼맨〉 같은 경우, 귀엽고 아름답고 높고 가는 목소리를 가진 젊은 여성은 구출되기만을 기다린다. 소년이나 남성들은 무기를 갖추고 활약을 하며 우주선으로 날아다니거나 중요한 결정을 내리고 여성을 구출한다. 그리고 그들은 절대 울지 않는다. 절대로!

광고－장난감 회사들이 협찬한 프로그램을 보기 위해 장난감 광고를 30분이나 보고 있어야 하는 건지? 어린이 프로그램 광고는 왜 하나같이 기름기 많고 몸에 해로운 음식 광고이거나 일시적으로 유행을 타는 값비싼 장난감 광고뿐인지? 아예 TV 채널을 광고가 없는 국영방송에 고정시켜버리는 게 싸게 먹히지 않을까?

뉴스－뉴스는 결코 교육적이 될 수 없다. 차라리 일종의 오락물로 봐야 한다. 뉴스는 종종 세상을 왜곡하거나 비현실적으로 비춰준다. 뉴스 프로그램은 초등학생들에게는 맞지 않으며 현재의 뉴스 진행방식대로라면 성인들에게도 큰 도움이 되는 것 같지 않다. 뉴스는 우리가 사는 세상이 어떻다는 것을 보여줌으로써 편집증과 우울증을 불러일으킨다.

교육방송은 어떠한가?

연구 결과에 의하면 〈세서미스트리트〉 같은 전문적인 교육 프로그램도 부모가 아이와 함께 시청하면서 노래도 같이 따라 부르고 등장인물에 대한 얘기도 나누어 자녀들이 프로그램에 '참여' 하도록 만들면 훨씬 더 큰 효과를 얻는다고 한다. 동시에 '멍하게 쳐다보기' 증후군도 방지된다. 이런 프로그램의 제작자들은 의도적으로 어른들의 취향에 맞는 섬세한 유머나 해학을 끼워넣는다. 또한 인기가수나 유명 연예인들을 초대손님으로 등장시켜 부모가 이 프로그램으로 채널을 돌리도록, 그래서 가끔씩이라도 자녀들과 함께 시청하게 만들려고 애쓴다.

요약

아이들용 TV 프로그램은 장점이 많다. 〈플레이스쿨〉 같은 프로그램의 경우 두세 살배기들에게 부쩍 인기가 있는데, 이 프로그램의 진행자들은 어린 시청자들을 낮춰 보지 않고 동등하게 대하며 말을 걸기 때문이다. 아이들이 종종 TV와 얘기를 나눌 정도이다! 〈형사 가제트〉가 인기를 끄는 이유 중 하나는 분명히 영리하고 재치 있는 '소녀'가 등장하기 때문일 것이다.

오늘날 많은 부모들은 아이들의 TV 시청에 대해 질적으로나 양적으로 제한을 두고 있다. 시청시간은 하루 한 시간으로 정하고 무엇을 볼지 아이와 상의한다. 언제 어떤 프로를 시청할지 미리 정하고 선택하게 함으로써, 끝없이 이어지는 프로그램들의 홍수 속에서 그냥 멍하게 있지 않고 대신 '자신들의' 프로그램을 아끼며 보게 된다.

점점 많은 부모들이 아이들이 '학교 갈 나이가 될 때까지' 아예 TV를 켜지 않기로 결정하고 있다. 아니면 부모가 정말 쉬어야 될 때에 한해서 아이에게 특별대우로 엄격히 고른 자연 다큐멘터리 비디오를 보여줄 뿐이다.

아이가 칭얼댈 때 멈추게 하는 방법

어떤 사람이 무척 쾌활한 목소리를 가지고 있어서 귀가 쫑긋해진 경우가 있는가? 또는 어떤 아이들이 명랑하고 깨끗한 목소리로 하는 얘기를 기분좋게 들었던 적이 있는지? 그리고 항상 칭얼대고 우는 소리로 말하는 아이의 말소리만큼 듣기 짜증나는 것도 없다는 것에 동의하는지? 코맹맹이 소리로 얘기하는 것에는? 와아앙, 잉잉잉, 징징징…….

아이나 어른이나 흔히 쓰는 목소리 톤은 일종의 습관이라는 것을 알고 있는가? 그것은 단순히 목소리를 내는 버릇뿐 아니라 인생에 대한 자세이기도 하다. 우리가 칭얼대는 것은 어떤 '무력감'을 느낄 때이다. 남들이 어떻게 해주길 바라지만 한 번도 만족을 느끼지 못했다면 그것에 대해 불평하는 게 좋다. 우리가 칭얼대며 얘기하면 기분도 그렇게 변한다. 칭얼거리는 아이를 그냥 놔두면 나중에 자라서 칭얼거리는 어른이 된다. (잔소리가 심한 남편이나 맨날 한숨만 쉬는 아내의 뒷배경에는 자녀를 칭얼거리게 놔둔 부모가 있다.) 그러나 칭얼거림이나 우는 소리를 단번에 그치게 하는 방법이 있다.

우선은 칭얼거림이 어떤 패턴으로 시작되는지 알아야 한다. 그건 간단하다. 아이는 뭔가를 해달라고 한다. 처음엔 보통 목소리였다가 점점 커진다. 우리는 안 된다고 하거나 무시해버린다. 그러면 아이들은 다음 단계로 넘어가 있는 힘껏 칭얼댄다. (처음부터 일부러 그러진 않았을 것이다. 그냥 우연히 어떤 특정한 목소리를 내니까 부모들이 꼼짝 못 한다는 것을 발견한 것이다.) 간혹 부모들은 조용하게 있고 싶어서 그냥 아이들한테

져주고 마는 때가 있다. 그럼 그 아이는 칭얼대는 아이가 된다.

그러면 대책은 무엇인가?

1. 애들이 칭얼대기 시작하면 눈을 똑바로 들여다보면서 직접적으로 이렇게 말하라. "보통때 목소리로, 제대로 얘기하렴."

2. 어떻게 하는 게 제대로 말하는 것인지 가르칠 것. 아이들이 나직하면서도 분명히 전달되는 목소리로 얘기하도록 유도할 것. 스스로 제대로 할 수 있을 때까지 연습시킬 것. 시범을 보여주면서 아이들에게 무슨 뜻인지 제대로 이해시킬 것.

3. 버릇을 들일 것. 아이들이 어떤 이유로든 칭얼대려 할 때마다 "보통때의 목소리로 얘기하렴" 하고 말할 것. 칭얼대는 것은 자신에게도 타인들에게도 정상적인 것이 아니라는 것을 깨우치게 할 것. 긍정적으로 묻거나 요구했을 때 원하는 것을 얻을 수 있다는 것을 깨닫게 할 것.

이상의 방법들이 너무 대통령의 신년 국정연설같이 들린다면, 그리고 당신의 자녀에게 맞는 방법이 아니라고 생각된다면 구태여 적용할 필요는 없다. 그러나 그런 경우에도, 아이들은 '안 돼'라는 대답을 받아들이는 것을 배워야만 한다. "과자를 더 달라고 할 때 칭얼거리지 않고 공손하게 말하니까 참 듣기 좋구나. 그렇지만 저녁 먹기 전까지는 안 되겠는걸."

8 부모의 에너지 충전, 기운을 아끼는 법

—아이들에겐 건강하고 행복한 부모가 필요합니다

저는 한때 파푸아뉴기니의 해변가에 있는 조그만 마을에서 잠시 살았던 적이 있습니다. 그곳 아이들은 자기 부모와 같은 집에서 사는 게 아니라 이집 저집 돌아다니며 지내고 싶은 곳에서 마음대로 지내더군요! 열 살쯤 되면 갓난아기를 돌보거나 요리용 화덕을 관리했고, 열네 살쯤 되면 자신감과 긍지를 가지고 어른들 몫의 일을 해냈습니다.

그곳은 참으로 부모 노릇을 하기에 편한 곳이었습니다. 부모 노릇의 수고나 즐거움을 마을 전체가 나누어 가지고 있었기 때문이죠. 어떤 어른이든 아이들이 있는 곳에서는 부모 같았습니다.

지금의 우리 사회에서는 부모 노릇이 공유되지 않습니다. 특히 나이가 어릴수록 이리저리 옮겨다니면서 보살핌을 받는 것을 위험하다고 생각합니다.

상황이 이렇다 보니, 차라리 '슈퍼 부모'가 되어 아이들이 필요로 하는 모든 것, 즉 오락과 교육, 사랑과 관심, 식사, 음료, 안전, 의복, 청소까지 전부 부모가 해주는 게 낫겠다고 생각할 수도 있을 겁니다. 만약 여러분이 집에서 아이만 키우고 있는 처지라면, 집안일에 갇혀서 꼼짝달싹 못 한 채 친구들이나 바깥세계를 그리워할 겁니다. 직장에 나가 돈을 벌어오는 쪽이라면, 마치 돈버는 기계가 된 것처럼 가족이나 집으로부터 소외감을 느끼고 있을 것입니다. 따라서 둘 혹은 그 이상의 자녀를 둔 부모들의 경우, 또 자녀가 만 5세 이하인 경우 항상 피곤하고 짜증나고 건강에 이상이 있는 게 아닌가 느끼게 되는 것도 무리가 아니죠.

부모들 자신이 기분이 좋고, 곁에 누군가가 있고, 건강하고, 충분히 휴식을 취했다면, 아이들을 행복하게 돌볼 수 있고 그것을 즐길 수 있습니다. 그러나 피곤하고, 아프고, 외롭고, 온갖 책임에 짓눌린 경우에는 아이들이 귀찮고 짜증스런 존재로 느껴지는 순간이 있게 됩니다. 그런 상황은 여러분 자신이나 결혼생활, 자녀들이 위험하다는 신호이기도 합니다.

부모들이 과중한 부담을 안고 있다면 더이상 부모 노릇을 제대로 할 수 없다는 생각이 들게 마련입니다. 부모들은 자신을 돌보는 것을 배워야 하며 그것은 아주 중요한 일입니다. 그래야 부모 노릇을 잘할 수 있기 때문입니다. 아이들에게도 행복하고 건강한 부모가 필요합니다. 이 장에서는 어떻게 하면 부모들이 행복과 건강을 유지할 수 있는가에 대해 얘기해보겠습니다.

충분한 '연료'가 필요하다

아이를 키우는 일에 허덕거리면서, 왜 그렇게 기운이 빠지고 힘드는지 모르겠다고 호소하는 부모들을 가끔 볼 수 있습니다. 바로 사람에게도 때로 '연료'가 공급되어야 한다는 것을 깨닫지 못한 채 초인간적인 부모 역할을 하려고 하는 분들입니다. 이것은 단순히 음식물을 얘기하는 것이 아니라 사랑, 남들로부터의 인정, 위로와 대화를 통해 얻는 에너지를 가리키는 것입니다.

주위의 사람들은 에너지를 뺏어가기도 하고 기운을 북돋워주기도 합니다. "아, 그 사람만 만나고 나면 기운이 쏙 빠진다니까" 하는 말이 절로 나오는 경우가 있지요. 그러나 반대로 아무리 멀리 있어도 기어이 만나러 가고 싶은 사람도 있습니다. 그 사람을 만나면 기분이 좋아지니까요.

아이들도 부모에게 에너지를 주지만, 대부분의 경우 부모인 우리가 그들을 충전시켜주는 것이 옳고 당연한 일입니다. 하지만 부모들만이 유일한 공급원이고, 부모의 기운이 모조리 소진된 상태라면 반동작용이 일어납니다.

잠시 읽는 것을 멈추고 한번 생각해보십시오. 지금 이 순간 여러분의 에너지 저장상태는 어떻습니까? 혹시 연료가 거의 바닥난 상태는 아닌가요?

이것이 평소의 상태인가요? 항상 그렇게 연료가 바닥난 상태로 달리고 있지는 않나요?

우리는 간혹 차를 취급하는 것처럼 우리 몸을 취급합니다. 기름을 만원어치씩 찔끔찔끔 넣어주고, 타이어는 닳아빠져서 너덜너덜하고, 정밀점검을 받아본 지도 까마득합니다.

우리의 인생과 관련된 사람들을 한번 생각해봅시다. 그리고 그들이 우리의 연료를 채워주는지 고갈시키는지 생각해봅시다. 때로 사람들은 '친구들'이 자신의 에너지를 그냥 '가져가기만 할 뿐'

돌아오는 게 없다는 것을 깨닫기도 합니다. 그렇다면 새로운 친구들을 만들어야 할 때가 왔다고 볼 수 있습니다! 한때는 좋았던 사람들이, 부모님도 포함시켜서, 이제는 부정적인 감정의 원천일 수도 있습니다. 그렇다면 사람들과 접촉하는 방법을 바꾸어 긍정적인 영향을 주고받을 수도 있습니다.

"으! 이번 주는 정말 끔찍했어."

"어, 그래? 난 좋았었는데. 어떤 일들인지 말해줄까? 그럼 자네 기분도 좀 좋아지지 않겠나?"

"아이구, 말도 마. 오늘 사무실에서 문제가 너무 많이 일어나는 바람에 아주 혼줄이 났다니까."

"그래? 무슨 문제들이었는지 한번 들어보자구. 아니면 휴가가 다음주로 다가왔으니 그 계획을 세워보는 건 어때?"

이런 식으로 무거운 대화를 기분좋은 주제로 살짝 바꾸면서 유머를 곁들이는 것도 대화를 나누는 양쪽 모두에게 도움이 되는 멋진 방법이랍니다.

한번은 스무 명 정도의 젊은 부모들과 함께 어떻게 하면 부모들의 연료 탱크를 다시 채워넣을 수 있을지에 관해 두 시간 가량 의견을 나눈 적이 있습니다. 그때 나온 좋은 방안들을 몇 가지 소개합니다.

• 보모를 구한다.

• 아이들이 부모와 있는 것을 지루하게 만들어, 잠시라도 자기네들끼리만 놀게 한다.

• 배우자가 직장에서 돌아오면 10분은 함께 보낸다. 좋은 소식들을 주고받거나 아니면 그냥 가만히 함께 있는 시간을 가진다.

(아이들이 조용히 있을 수 있으면 함께 있어도 좋으나 그렇지 않다면 다른 방에 있게 한다.)

• 짧은 시간이나마 아이들에게 완전히 집중한다. 몇 시간 동안 건성으로 대하는 것보다는 차라리 30분이라도 함께 있는 시간을 매일 가진다. 아이들로 하여금 그 시간에 무엇을 할까 계획을 세우고, 그 시간을 기다리게 만든다.

• 나름대로 머릿속의 스위치를 끄는 법을 익힌다. 집안일을 하는 도중이라든가 출퇴근길 혹은 다른 어떤 순간을 택해서 그 시간만큼은 느긋하게 기분좋은 일들만 생각한다.

• 아이들 입맛에 맞추지만 말고 때로는 자신이 좋아하는 음식을 요리한다.

• 좋아하는 음악을 틀어놓는다.

• 다른 부모들과 함께 시간을 보낸다.

• 배우자에게 원하는 것을 명확히 밝힌다. 애정이나 섹스, 아니면 그냥 함께 있어주는 것 등. 상대방에게 필요하다고 생각되는 것들을 충족시켜주고 이해하려고 노력한다.

• 배우자가 힘들어할 때 그냥 말만 하지 말고 안마를 해준다. 안마를 하며 따뜻한 위로를 건넨다.

• 복잡한 쇼핑이나 직장일 같은 불가피한 사정이 없더라도 정기적으로 자신만의 시간을 위하여 놀이방이나 보모 등을 활용한다.

• '어질러져 있는 것도 아름답다!'라는 깨달음을 받아들이거나, 깔끔하게 정리된 상태를 아예 2~3년 동안은 포기한다. (청소기를 항상 문 앞에 두고는 손님이 왔을 때 "이런, 지금 막 청소를 시작

하려던 참인데" 하는 것도 좋은 방법이다.)

• 집 안에 아이들만의 공간을 두어 비싸거나 위험한 물건들을 치우고 청소하기 편하게 만들어놓는다. 이렇게 하면 쓸데없이 기운을 뺀다거나 하루에도 수백 번 하게 되는 "안 돼! 그거 만지지 마" "어지르지 마" 같은 말들을 할 필요가 없어진다.

• 집 안에 깔끔하고 아름답게 정리된 공간을 두어(침실을 그렇게 삼아도 좋다) 아이들이 그곳에는 들이오지 않게 한다. 언제든지 들어가서 쉴 수 있는 좋은 장소를 마련해놓는다.

• 배우자와 대화를 나누거나 계획을 세우고 문제 해결책을 토론할 때에는 거실에서 아이들이 없을 때 얼굴을 마주하고 얘기한다. 부부의 침실을 걱정거리를 풀어놓는 장소로 만들지 않는다. 침실만큼은 철저히 느긋하고 아무 걱정 없는 휴식공간으로 만든다.

나 자신을 위해 쓸 시간이 없어요!

가장 스트레스를 많이 받는 부모들은 어떤 일이든 완벽하고 높은 기준치를 잡아놓으면서도, 정작 자기 자신에게 꼭 필요한 일은 가장 끄트머리로 보내는 사람들입니다. 바로 이런 분들이지요. "선생님, 그렇지만 별로 그런 것 같지는 않아요. 제가 아들의 생일파티 준비를 막 끝내놓고 케이크를 만들기 시작했을 때 이 지독한 두통이 시작되었거든요. 두통만 멈출 수 있다면 아무거라도 좋으니 약 좀 주세요. 빨리 집에 돌아가서 학예회에 입힐 딸의 드레스를 만들어줘야 하거든요!"

아기가 태어나서 엄마와 처음 '대면'할 때 엄마에게 쉽게 결속되지 못하는 경우가 있다. 그래서 기저귀를 갈 때나 젖을 먹일 때 엄마를 힘들게 하고, 결국 아기나 엄마 모두 긴장하고 우울해지는 것이다.

어느 병원이 엄마와 아기를 결속시키는 프로그램을 소개했는데, 기가 막힐 정도로 단순하면서도 이 세상 모든 부모들에게 시사하는 바가 크다. 그 병원의 직원은 엄마와 아기의 관계가 일종의 악순환(아기가 울고 엄마가 짜증나고 따라서 아기가 더 울고……)임을 발견했다. 그들은 엄마를 편안하고 푹신한 의자에 앉게 하고 아빠를 의자 뒤에 앉게 하여 엄마의 어깨와 목을 부드럽게 안마해주도록 했다. 이때 엄마는 아기를 안고 쓰다듬거나 젖을 먹였다. 엄마가 혼자 몸인 경우에는 병원의 남자직원이 대신 안마를 해주었다. 만약 아빠가 긴장해 있거나 어색해하면 병원의 물리치료사가 아빠 뒤에 서서 어깨를 안마해주었다. '안마로 시작되는 정오!' 부모 모두를 기운차리게 하며, 긴장이 풀리도록 하는 방법이다. 그러나 이런 신체적 접촉의 장점이 자주 잊혀지는 게 문제다. 이 방법이 신경안정제보다 훨씬 효과적인데도 불구하고.

사실 부모로서 책임져야 되는 것은 세 가지입니다. 이것을 중요한 순서대로 적어보면 다음과 같습니다.

- 자기 자신을 돌보는 것
- 배우자를 돌보는 것
- 자녀를 돌보는 것

이제까지 부모들은 자식을 위해 엄청난 희생을 감수해야 하고 자식의 하인 노릇도 마다하지 않아야 한다고 생각해왔습니다. 오늘날 많은 사람들이 아예 아이를 낳지 않는 것도 따지고 보면 놀랄 일이 아니죠. 이런 사람들은 부모가 된다는 것을 곧 자기 자신을 외면하는 일이라고 이해합니다. 그것은 그들의 부모가 "내가 너한테 그만큼 했는데"라거나 "뭐든지 제일 좋은 것은 너한테 다 갖다 바쳤다"라며 죄책감이나 부채감을 주는 데서도 원인을 찾을 수 있습니다. 그러나 분명히 말하건대, 부모 노릇이란 자기 자신을 위해서도 뭔가를 한다는 것입니다.

이처럼 스스로를 돌본 다음에야 배우자와 자녀가 뒤를 잇게 됩니다. 이렇게 하면 훨씬 행복해지며 여유를 갖게 되지요. 이렇게 마음이 가득 채워진 상태라야 남들에게도 아낌없이 베풀 수 있습니다.

배우자를 돌보는 것도 여러분이 가치 있고 매력적인 사람이라는 것을 자기 자신에게 심어줍니다. 즉 남들이 생각하는 대로 단순히 집에서 애나 키우는 사람, 혹은 생활비 벌어오는 기계에 지나지 않는 사람이라는 생각에서 벗어나게 됩니다. 또 안정된 마음과 느긋한 태도를 가지게 됩니다. 하지만 자기 발전을 위해 계속 노력하고 부부의 역할을 가끔 바꿔보아야 배우자에 대한 관심과 신선한 느낌을 지속할 수 있습니다.

자녀를 돌보는 것은 그 다음의 일입니다. 만약 부모 노릇을 인생의 목표 중 하나로 선택했다면, 스스로를 제대로 돌보고, 자신을 지탱해주고 격려해주는 배우자와의 우정을 쌓은 후라야, 자녀에게 똑같은 것을 주는 것도 훨씬 쉬워집니다. 여러분의 연료 탱크는 가득 차 있어야 하며, 그래야 여러분의 자녀가 다 떨어진 연료를 급하게 사느라 이리저리 뛸 필요가 없어집니다! 이만 설교를 마치겠습니다.

부드럽게 거절하는 방법

두 돌이 지난 민수는 아주 다루기 힘든 아이다. 마치 뱃속에서부터 고집부리는 것을 익힌 듯 자기가 원하는 대로 해줄 때까지 각종 기발한 투정을 동원해서 요구에 요구를 거듭했다. 그러나 다행히도 민수 엄마는 대처방법을 터득하고 있는 중이다. 첫째, 이것은 민수 또래의 모든 아이들이 겪는 정상적인 성장단계이며 영원히 계속되지는 않는다는 점을 명심하고 있고, 둘째로 '부드럽게 거절하는 기술'을 익혀 그것으로 문제를 풀어나가고 있다.

그녀는 다른 엄마들이 두 살짜리 아이와 여전히 힘겹게 실랑이를 벌이는 모습을 본다.

엄마들은 당황하고 자신에게 화가 나기도 한다. 그리고 아이가 얼굴이 새빨개지도록 악을 쓰는 것을 이기기 위해 자신들도 그에 못지 않게 악을 써야 한다고 생각한다.

그러나 민수 엄마는 다른 방법을 시도한다. 그녀는 아이들의 귀가 무척 예민하다는 것을 알고 있으므로, 굉장히 부드럽게 안 돼 하고 말한다. 민수가 계속 떼를 쓰더라도 똑같이 부드럽게 안 돼 하고 말한다. 동시에 어깨에 힘이 들어가지 않도록 하고 온몸의 긴장을 푼다. 쉬운 일은 아니지만 두어 시간 정도의 연습으로 터득할 수 있는 기술이다. 만약 민수가 고함을 지르면, 특히 공공장소 같은 데서 그런다면 아이를 번쩍 들어 차에 실어버리는 것을 상상하기도 하지만, 곧 힘을 빼고 속으로 웃어본다. 어린 아들이 자기를 휘어잡기 전에 스스로의 감정을 조절하는 것이다. 가끔은 소리를 질러버리고 싶을 때가 있긴 하지만, 그러면 자기가 져 아이가 의기양양해할 것을 상상하며 마음을 가다듬는다.

민수 엄마는 자신이 부드럽게 거절하는 법을 익힌 후에 오히려 아들의 말썽이 줄어든 것을 신기하게 여기고 있다.

음식과 어린이의 행동

아이가 학교생활도 잘해내고 침착하게 자신에 대해 만족할 줄 알고, 아이와 함께 보내는 시간이 두 배나 행복해질 수 있는 길이 있다. 그 방법은 바로 식단을 바꾸는 것! 청소년 범죄의 중요한 원인 중 하나가 잘못된 음식 섭취에 있다는 것이 밝혀졌다. 또 식단을 바꾸면 기분이 훨씬 좋아지고 기운이 솟는 걸 느낄 수 있으며 제대로 식사를 해도 살이 찌지 않는다.

가끔은 가장 근본적인 것으로 돌아가보는 것이 필요하다. 음식물은 살아가는 데 가장 기본적인 것이지만 우리가 아이들에게 무엇을 언제 먹이느냐가 큰 차이를 가져올 수 있다.

음식과 심리의 상관관계에 대한 몇 가지 지침을 소개한다.

1. 오랫동안 에너지를 공급하는 음식을 고른다.

음식 섭취에는 두 가지 목적이 있다. 음식은 성장을 위한 영양소를 공급하고, 또한 신체적 정신적 활동을 위한 에너지를 공급한다 요즘 대부분의 부모들은 자녀에게 영양가 있는 음식을 이것저것 다양하게 먹이고 있지만, 그것이 에너지원이 되는 음식인가 아닌가도 잘 살펴야 할 것이다. 탄수화물 복합체와 단백질이 든 음식은 하루 종일 에너지를 공급해준다. 이런 종류의 음식은 극심한 피로를 예방하고 정신을 집중시켜주고 아이들을 안정되고 편하게 만드는 데 도움이 된다. 특히 아이들은 탄수화물 복합체(현미나 통밀로 만든 음식)와 고단백 음식, 신선한 야채나 과일이 포함된 '아침식사'를 매일 해야 한다.

2. 먹는 시간을 잘 맞춘다.

아침식사! 아침식사야말로 하루 종일 필요한 에너지 공급의 원천이다. 오후나 저녁때 먹는 음식도 영양을 공급하긴 하지만, 그 음식이 주는 에너지는 완전히 다 사용되지 못한다. 활동을 시작하기 전에 든든하게 먹는 일은 비만을 예방하는데, 그것은 음식을 먹고 나서 활동하면 필요한 영양분이 혈관으로 바로 흡수되기 때문이다. 어른이나 아이 모두 저녁을 배불리 먹고 앉아만 있거나 잠자리에 들게 되면, 음식은 지방분으로 체내에 축적된다. 먹고 싶은 대로 배불리 먹으면서도 '언제' 먹느냐를 제대로 선택하면 체중문제로 고민하는 사람들이 훨씬 줄어들 것이다.

직접 시험해보자. 아이에게 달걀이나 육류, 생선 같은 식품으로 아침식사를 만들어 2주 정도 먹여보라. (아이들이 아침에 배고프지 않다고 불평하면 전날 저녁식사를 조금만 주는 것도 좋은 방법!) 그리고 아이들이 집에서나 학교에서 얼마나 안정되고 행복해지는지를 지켜보면 된다.

3. '당장 피로를 회복시켜주는' 식품을 피한다.

설탕이나 당분이 많이 든 음식은 아이들에게 굉장히 좋지 않은 영향을 끼친다. 많은 아이들이 피로회복에 도움이 된다는 식품을 먹고는 곧바로 지나친 에너지를 얻어 날카로워지고 과다하게 움직이고 심한 장난을 치게 된다. 이때 혈액검사를 해보면 에너지는 급하게 많이 방출되고 혈당은 떨어져서 몸의 균형이 깨진 것을 알 수 있다. 이로 인해 정신이 맑아야 할 오전중에 축 늘어져서 게을러지고 산만해진다.

4. 화학첨가물, 색소, 방부제를 피한다.

식품첨가제나 색소는 복합적이면서 각각 다른 효과를 일으킨다. 어떤 첨가제는 일부 아이에게 영향을 끼치지만, 어떤 첨

가제는 거의 모든 어린이들에게 작용한다. 특히 아침과 점심의 경우 설탕의 섭취량을 줄여야 한다는 것은 이미 말한 바 있다. 노란색을 내는 식용색소에서 발견되는 타트라진(E102)은 어린이를 몇 시간씩 지나치게 활동적으로 만든다. 핫도그나 햄버거, 가공된 치즈, 인스턴트 수프 등의 가공식품에서 발견되는 인산염 역시 이와 깊은 연관이 있다.

가장 간단하고 효과적인 방법은 아이에게 좋은 아침식사를 먹이는 것이다. 그러면 아이들은 배가 덜 고프게 되어 몸에 해로운 음식을 찾지 않게 된다. 마찬가지로 아이가 친구 집의 파티에 가는데 그 집 부모가 1950년대식 파티 음식(청량음료, 케이크, 아이스크림, 사탕!)을 선호한다면 아이가 그곳에 가기 전에 식사를 하게 할 것. 그래서 해로운 음식의 섭취를 최대한 줄일 것!

음식과의 대대적인 투쟁에 나설 필요는 없다. 단지 해로운 음식을 제한하고 좀더 영양가 있는 음식을 선택하면 된다. 배가 고프면 뭐든지 맛있게 먹기 마련이다. 그리고 가끔씩은 아이가 좋아하는 음식을 주기도 할 것.

부록

도와줍시다!

여러분이 교사, 정치가, 조부모, 이웃
혹은 친구일 때 자녀를 가진 이들을 도울 수 있는 방법

교사인 경우

—가르치는 아이가 부정적인 교육의 영향을 받았을 때 대처하는 방법

초등학교 교사인 경우

어린이가 유아원이나 놀이방에 갈 나이쯤이 되면 이제까지 '부정적인 교육'을 받았는지 아닌지의 여부를 뚜렷하게 파악할 수 있습니다. 판단기준은 이런 것들이지요.

• 다른 아이들 앞에서 낯을 가리며 쭈뼛거리거나 슬퍼 보이거나 불안해하며, 다른 아이들이 친해지려고 다가가도 별 반응을 보이지 않는 경우.

• 다른 사람과 어울리기는 하나 수업시간이나 특별활동 시간에 참여하지 않으려고 하고 겁내는 아이, 선생님이 개별적으로 다가가면 많이 혼란스러워하는 아이.

• 남을 때린다거나, 누군가 말을 걸었을 때 특이한 반응을 보이는 아이. 예를 들면 꾸지람을 듣고 있는 도중에 웃음을 터뜨린다거나 다른 아이들과 친하게 지내는 것을 전혀 볼 수 없는 경우.

아마 학급에서 이 세 가지의 범주에 속하거나, 복합적인 양상을 보이는 아이가 있을지도 모르겠습니다. 각각의 경우를 좀더 자세히 살펴보죠.

슬프고 외로운 아이

이 범주에 속하는 아이들은 거의 대부분 아주 어릴 때(태어나서 만 두 돌이 될 때까지) 충분한 애정을 받지 못했거나 주위 사람들

에게 평가당하고 제약을 많이 받았던 경우입니다. 이런 아이는 주위에 어떻게 보여지는가에 상관없이 그냥 있는 그대로 긍정적인 메시지를 주어야 합니다. "안녕! 만나서 참 반갑구나" 하는 식으로 말입니다. 아이를 정답게 쓰다듬거나 안아주는 것은 좋지만, 튀어 보이지 않게 주의해서 안심시켜야 합니다.

얼마간 이렇게 꾸준히 시도해나가면 아이가 눈에 띄게 여유를 찾고 느긋해지는 것을 볼 수 있습니다. 그러고 나면 아이는 선생님과의 접촉을 시도할 것입니다. 즉, 자신이 한 글짓기나 그림을 보여준다든가, 교실을 한 바퀴 둘러볼 때 웃음을 보낸다든가, 말을 걸어오는 등의 변화를 보이게 됩니다.

자신감이 없고 아무것도 하려고 들지 않는 아이

아이가 말귀가 트일 무렵부터 끊임없이 자신을 깔보고 무시하는 말을 들으면서 억눌려왔다면 이럴 가능성이 높습니다. 대개 아이에게 동생이 생기면서 엄마가 계속 꾸짖거나 참기를 강요할 때 많이 발생합니다.

많은 부모들, 특히 아이 기르는 과정에서 힘든 시기를 겪고 있는 부모들은 입을 열었다 하면 아이들을 짓누르는 말만 하게 됩니다. 약 10% 정도가 그런 말을 들으며 자라고 있고, 수업시간에 선생님이 뭔가를 시키거나 물어보면 그 일을 해볼 생각도 하기 전에 "저는 바보예요" "저 그거 못 해요" "저는 머리가 나빠요"라는 말을 먼저 합니다. 이쯤 되면 치료법은 물어보나마나 긍정적인 확신을 자주 심어주는 것입니다. 더 좋은 방법은 아이가 뭔가 해냈을 때는 물론이고 그냥 있는 것만으로도 칭찬을 해주는 것입니다. 예를 들면 "굉장히 잘했어" "그림의 아이디어가 참 좋구나"는 물론이고, "오늘 보니까 굉장히 반갑네" 혹은 그냥 "안녕" 하는 것도 중요하다는 얘기입니다. 그렇다고 해서 지나치게 호들갑스럽게 하지는 마십시오. 아이들이 감당할 수 있을 만큼 조용하게 그리고 요란스럽지 않은 말을 건네야 합니다.

아이가 비난을 유도해도 아이를 깔보는 말은 하지 말아야 하며, 혼낼 일이 있을 때에도 "너는 말이야"라고 시작하지 말고 그냥 평상적인 말을 사용하십시오. "대체 너라는 애는 왜 이렇게 맨날 잊어먹는 거니"보다는 "가방을 잊었네, 얼른 가져와"라고 하십시오. 그러나 이 문제를 제대로 풀려면 아이의 부모 역시 도와줘야 합니다. 그런 아이의 부모를 만나보면 아마도 만사를 귀찮아한다거나 과로로 인해 피곤에 찌들어 있고, 신경질적이고 방어적인 경우가 많을 겁니다. 우선은 "아이에게 문제가 있습니다"라고 딱 잘라서 본론으로 들어가기 전에 편안하고 친숙한 얘기로 시작하는 게 좋습니다. 그리고 나서 아이의 자신감이 낮은 편이라는 것을 발견했다고 간단히 설명을 덧붙이면, 부모는 그때부터 아이를 깔보거나 무시하는 것을 조심하게 되고 칭찬의 필요성을 느낄 수 있습니다.

이런 성향의 부모들이야말로 이 책의 도움을 가장 많이 받을 수 있는 사람들입니다. 그러므로 이 책을 빌려주도록 하십시오!

다른 아이들에게 공격적이면서 선생님에게 냉소적인 아이

제일 마지막으로 미루었던 설명입니다. 이런 성향의 아이는 철저하게 '부정적인' 환경에 길들여졌으며, 공격적인 방법으로 부정적인 본보기만 보고 자랐다고 이해하면 됩니다. 이런 아이들의 부모는 대개 폭력을 사용하거나 자주 언성을 높여 싸웁니다.

따라서 아이가 선택해서 공격적인 성향이 되는 게 아닙니다. 공격적인 방법밖에 몰라서 그러는 것입니다.

이런 아이들은 처음부터 다정함이나 칭찬에 반응을 보이지 않는다는 것을 명심해야 합니다. 물론 시도는 해봐야 하겠지요.

선생님은 우선, 아이가 얘기를 들을 준비가 된 상태에서 친밀감을 갖도록 해야 합니다. 낭연한 얘기지만 이때 아이를 압박해서는 안 됩니다.

초기에는 엄격하면서도 다정하게 접근하고, 지시를 할 때에는 명확한 표현을 사용하는 것이 필요합니다. "그것 지금 그만두고 이리로 와서 책을 받아가거라" "이제 자리에 앉아서 그림을 그려야지" 등의 방식으로 표현할 수 있겠지요.

공격적인 아이와 관계를 맺는 방법은 선생님이 변함없는 태도를 보여주는 것입니다. 화를 내거나 조급해하지 않고 단호한 태도를 유지합니다. 특히 엄격하면서도 따듯하고 유머가 깃들인 눈빛으로 아이의 눈을 보는 방법이 효과적입니다. 이런 눈맞추기를 통해 아이는 선생님이 자기를 수용할 수 있을 만큼 강하다는 것을 감지하고 안정감을 느끼기 시작하기 때문입니다.

이런 유대관계를 맺은 뒤에 아이가 올바르게 행동했을 때 칭찬의 메시지를 줄 수 있습니다. 아이의 부모가 해온 것과는 크게 다른 방법이죠. 그 부모들은 아이가 말썽을 피워야만 눈길을 주었을 테니까요.

이 어린이들에게 미화부장이나 급식반장 같은, 책임감이 요구되면서 약간의 특권도 있는 자리를 맡기면 효과적입니다. 아이가 선생님과 '우정'—긍정적인 영향을 주고받을 수 있는 능력—을 나눌 수 있게 되면 점차 다른 아이들을 향해서도 마음의 문을 열게 됩니다.

중 · 고등학교 교사인 경우

부정적인 영향을 받고 자란 아이들은 중·고등학교에서 더 두드러집니다. 실제로 중·고등학교의 특성상 더 악화되는 경우가 많지요.

학교는 일종의 공부하는 공장같이 변하고, 청소년들은 자신이 아무것도 아니며 시키는 대로 하고 획일적인 취급을 당한다고 느낍니다. 또 중·고교는 대개 너무 많은 수의 학생을 가르치고 있고 안정된 환경이 아니며 개개인의 개성을 무시하는 수업을 진행할 수밖에 없습니다.

제가 조사한 바에 의하면, 이 시기의 학생들은 다음과 같은 문제점들을 갖고 있습니다. 공부, 교사들에 의한 비난과 무시, 외로

나는 멜버른 근교의 어느 해변가에 있는 고등학교에 다녔다. 그 학교에는 자상하지만 무능한 교장 선생님과 아주 무서운 교감 선생님이 묘한 콤비를 이루고 있었다. (나중에 이런 콤비가 꽤 흔하다는 것을 깨달았다.)

한번은 한 학생이 교감실 밖으로 아주 거칠게 쫓겨나는 것을 보았다. 교감 선생님은 소년을 문 반대쪽 벽으로 던졌고 소년은 그대로 날아가 벽에 있는 사물함에 부딪쳤다. 이 교감 선생님의 성격은 심리학 공부를 한 나로서는 주저 없이 격리시설에 수용시킬 정도의 것이었다! 학교환경이 지금은 많이 개선되었기를 바랄 뿐이다.

고등학교 시절 가장 기억에 남는 또하나의 사건은 굉장히 공부를 잘했던 어느 친구에 관한 것이다. 이 친구는 대학입시에서 뛰어난 성적으로 대학의 장학금을 확보해놓은 상태였는데도 자기 성적에 만족하지 못하여 스스로 목숨을 끊고 말았다.

내가 그 학교를 다니는 동안 학생 4명이 자살했고, 학교 대표 수영선수였던 한 학생은 졸업 후에 약물중독으로 수용소에 가는 신세가 되었다. 물론 그 학교에 다니면서 좋은 선생님을 여러 분 만났고 소풍도 재미있었고 많은 우정도 나눌 수 있었다. 그러나 전체적으로 보면 중·고등학교는 개선할 문제가 상당히 많은 것이 사실이다.

움, 다른 학생들에 의한 공격과 깔보기 등입니다. 공부에 대한 문제는 논외로 하고, 나머지 문제를 얘기하는 게 이 책의 주제와 맞을 것 같습니다.

교사가 퍼붓는 비난과 무시

이것은 행복한 교직생활을 하지 못하고 있는 교사에게 나타나는 증상입니다. 1990년대의 중·고등학교에서 가르치는 일이 얼마나 어려운 것인지를 알고 있는 사람은 별로 없지요. 공부에 짓눌려 신체적, 정신적으로 손상을 입는 학생이 계속 늘어나다 보니 교사들은 정신과 의사의 역할까지 해야 할 정도입니다.

교사들도 학생들 못지 않게 과밀학급과 비인간적인 학교를 싫어합니다. 결손가정과 실업문제 등의 영향을 크게 받는 중·고교는 종종 정서적으로 무척 견디기 힘들 뿐 아니라 학교폭력 등의 문제로 신체적인 위협까지 받는 장소가 되었습니다. 모두가 합심해서 학교환경을 변화시키기 위해 노력해야 할 상황이 되었지요.

청소년들을 향해 교사들이 비난이나 공격적인 태도를 보이는 데에는 두 가지 이유가 있습니다. 우선, 단순히 교사 자신의 중압감을 해소하기 위한 것입니다. 만약 교사가 더 행복을 누리며 지내는 사람이라면 일어나지 않을 일입니다. 그리고 아이들을 통제하기 위해서는 계속 신경을 써야 하는데, 냉소적으로 비난을 하면 아이들이 우선은 복종하기 때문입니다. 누구나 가끔씩은 화를 벌컥 내며 듣기 싫은 말을 퍼부을 때가 있지만, 교사들이 그러면 아이들은 그냥 당하고 있을 뿐이죠. 그것은 끊임없이 허물을 들춰내어 상처를 주는 일입니다. 아이들을 진심으로 좋아하고 가르치는 일에 큰 보람을 느끼지 못하는 사람이라면 제발 교사가 되지 마십시오.

따돌림도 중·고교에서 흔한 일입니다. 휴식시간에 운동장이나 복도를 관찰해보십시오. 다른 학생들과 같이 어울리지 못하고 혼자 있는 학생들을 볼 수 있습니다. 남학생들은 자기들 무리에 누가 포함되는지에 대해 여학생들보다 너그럽지만, 여학생들은 어울리는 친구들이 누구인지를 분명하게 하는 경향이 있습니다. 어떤 여학생들은 단순히 혼자 있기 싫어서 둘 혹은 셋이 함께 다닐 뿐, 대화는 별로 나누지 않는 경우도 볼 수 있습니다.

외로움

가장 기본적인 대화법도 모르는 학생을 발견하게 되는 경우가 있습니다. 그런 학생들은 누군가 말을 걸면 그냥 한두 마디를 간신히 우물거릴 뿐이며 자기 쪽에서 남들에게 말을 거는 법이란 없습니다. 최근에야 국어나 연극반 선생님들이 이 문제에 주목하고 해결책을 찾기 시작했습니다.

외로운 학생들은 주목받는 것을 원하지 않습니다. 이 학생들보다 더 시끄럽고 공격적인 학생들은 적어도 자기가 원하는 대로 주목을 받으므로 더 나을 수도 있죠. 학급에서 누가 외로워하고 말이 없는 학생인지를 찾아내려면 시간이 걸릴 수도 있습니다. 그러나 분명히 있습니다. 이 학생들을 '우선으로' 도와줄 생각이 있다면, 다른 학생들이 알아차리지 못할 정도의 범위 내에서 일부러라도 그 학생들과 접촉하고 그들의 공부에 관심을 보여주십시오. 조그만 관심이 의외의 효과를 거두어 학생들의 자신감 회복에 도움이 됩니다.

학교를 인간다운 환경으로 만들기 위해 노력하는 것—학급 내에서의 토론이나 특별활동, 견학, 캠프, 작은 동호회 모임들, 사회생활, 인간관계, 자신감 교육 등—은 아주 큰 효과가 있습니다.

중・고등학교는 많은 학생들에게 지금까지 지닌 부정적인 면들을 극복하는 마지막 기회일 수 있습니다. 그들을 도울 수만 있다면 어떤 것이든지 다 하십시오.

같은 또래들의 공격적인 말과 행동

따돌리고 괴롭히는 것은 '불량 청소년'에 의해 저질러지는 일이 아닙니다. 근본적으로는 아이들 세계에서 일어나는 일이지만, 여기에 어른들의 시스템이 들어가서 생겨나는 현상입니다. 집과 학교에서 숨막힐 것같이 답답한 전체 시스템이 아이들을 압박하면 또래집단 속에서 '희생양'을 찾게 되는 것입니다.

먼 옛날 봉건시대의 영주는 자기 밑의 기사들에게 가혹했고 기사들은 자기 밑의 농민들에게 그 화풀이를 했으며 농민들은 아내와 자식들을 두들겨팼습니다. 학교 당국이 이런 힘의 흐름을 이해하지 못하고 또래의 '괴롭힘'을 처벌하기 위해 가해학생을 '괴롭히면' 그 결과는 더 심화된 갈등과 폭력으로 나타납니다.

교사들에게 제대로 된 시설과 지원을 해주는 학교에서는 학생들이 엄격하면서도 스스로를 존중할 줄 아는 교육을 받으며, 학생들끼리 괴롭히고 따돌리는 현상이 빨리 사라집니다. 학교가 물질적인 풍부함을 갖추고 있는지도 중요하지만, 그보다 훨씬 더 중요한 것은 학교 내의 맨 위쪽에서부터 가장 아래에 이르기까지 '사람들이 서로를 어떻게 대하는가' 하는 문제입니다.

학교 자체가 청소년 문제의 근원은 아니지만 거기에서 생긴 가장 기초적인 뿌리에 이런저런 문제들이 복합되어 발생된다고 볼 수 있습니다.

교육위원회가 조사한 바에 의하면 글을 읽는 데 장애가 있는 성인들의 경우 대부분 학교에 들어가기 전부터 적응력에 문제가 있었다고 합니다. 그런데 학교에 들어가서도 별다른 도움을 받지 못했기 때문에 읽기와 쓰기를 배우는 데 장애를 가지게 되었던 것입니다.(오스트레일리아에서는 성인 열 명 중 한 명이 문자를 읽고 이해하는 데 문제를 갖고 있습니다.) 문제를 지닌 학생을 도와주는 데 있어 기존의 학교교육은 실패했다고 할 수 있으며 이를 전적으로 교사 탓으로 돌릴 수는 없습니다. 근본적인 문제는 획일적인 교육체제에 있습니다. 과밀학급에서 학생들을 가르치다 보니 그중 많은 학생들이 왜 진도를 못 따라오는지를 모르고 있습니다. 다음 세대의 교육에 이런 식의 방법밖에 쓰지 못한다는 게 오늘날 우리의 문제입니다. 수천 년 전 오스트레일리아 원주민들은 일대일로 가르치고 배움으로써 자기들이 아는 것을 다음 세대에 전달했으며 실패하는 경우나 낙오자는 거의 없었습니다.

요약

교사가 개인적으로 아무리 열심히 노력한다 해도 한꺼번에 두 마리의 토끼를 잡을 수는 없습니다. 다시 말해서 과밀학급의 전체 학생들에게 정서적인 뒷받침과 면학을 위한 자극이라는 두 가지 교육목표를 만족시켜주기란 무척 어려운 일입니다. 언젠가는 우리의 교육 시스템을 재평가하고 개선시켜서 실력 있는 교사들, 자원봉사자, 전문적인 훈련을 제대로 받은 사람들을 교실에 많이 투입하여 학생들이 자신이 가진 개성에 맞는 배움을 누릴 수 있는 날이 올 것이라고 희망합니다. 그때까지는 부상자가 많이 나오는 힘든 전투라고 할 수 있겠지요.

성의 있는 교사들은 지금 이 순간도 아이들을 잘 가르치기 위해 최선을 다하고 있겠지만, 미력하나마 보탬이 될 만한 얘기 몇 마디만 덧붙이려고 합니다.

먼저 통제의 수단으로 비난이나 무시하는 방법을 절대 쓰지 말고, 때와 상황에 맞는 엄격하고 단호한 행동으로 학생들을 대하십시오.

그리고 문제가 있는 학생을 대할 때, 물론 지금껏 시간과 신경을 많이 투자했겠지만 그래도 앞에서 설명한 방법을 한 번 더 시도해보십시오.

교사 자신을 위한 긍정적인 욕구 충족도 중요합니다. 현재 교사들은 과로와 스트레스의 위협에 시달리고 있습니다. 그러나 우리의 학생들에게는 교사가 건강하게 살아남는 것이 절실하게 필요합니다.

정치인이나 사회활동가인 경우

가족 하나하나는 고립된 섬이 아닙니다. 건강한 가족은 그들을 뒷받침해주는 사회 속에서만 존재할 수 있습니다. 사회라는 것은 각각이 가입비를 내고 활동에 참가하고 그 대가로 여러 가지 혜택을 얻는 작은 모임들이 거대한 규모로 확장되었다고 보면 됩니다.

사실 그러한 모임들은 완벽함과는 거리가 있습니다. 제대로 구성되어 있지 못할뿐더러, 일부 구성원들은 자신들의 관심사와 이익을 위해서만 힘을 씁니다. 그러므로 모든 구성원들은 혜택이 골고루 돌아가도록 신경을 써야 하며 동시에 모임이 흩어지지 않도록 서로 협력해야 합니다.

부모들은 특히 아이들이 평등한 대우를 받을 수 있도록 세상과 협상해야 합니다. 그러려면 에너지를 '안으로' 돌려서 아이들과 함께 놀거나 아이들을 교육하면서 가족생활을 향상시키는 대신, 학부모 모임이나 반상회 등의 지역모임, 정치집회에서부터 환경운동까지 여러 가지 '바깥의' 사회에 더 초점을 맞추어야 할지도 모르겠습니다.

어디에나 한쪽으로 치우치는 사람들이 있게 마련입니다. 마치 울타리 속에 가두어져 보호를 받는 양떼처럼 하나로 꽁꽁 뭉쳐서 바깥세상과 완전히 담을 쌓고 지내는 가족을 볼 수 있습니다. 반대로 정치적으로 깊이 개입되어(야망에 깊이 개입된 것인지 말썽에 깊이 개입된 건지는 모르겠지만) 결혼생활이고 자녀들이고 내팽겨쳐둔 채 지내다가 신경질적이고 정신적으로 메마르게 되는 경우도 있습니다.

이 책은 '안으로'를 지향하며, 가족단위 안에서의 생활을 다루었습니다. 충분히 가치 있는 주제이긴 하지만 균형을 맞추기에는 한 가지가 빠져 있습니다. 가족생활을 새로운 시각으로 이해하는 것이 바깥세상에 어떻게 영향을 미치는지 여기에서 간략하게나마 살펴보려고 합니다.

다음의 그림은 '사회계약'—우리가 사회라는 모임의 회원이 되어 받게 되는 것—이라 불리는 개념을 보여주고 있습니다. 그림에서 이 가족은 '일방통행'처럼 받기만 하는 것으로 보이나 사실은 그렇지 않습니다. 이 가족은 노동과 세금, 그 외 수없이 많은 다른 방법으로 사회에 기여하고 있지요. 이런 가족이 수백만씩 모여 사회가 만들어집니다. 그러나 이 가족은 가끔씩 손해를 보는 경우가 있다고 느낍니다. 의료보험이 부실하거나 보험료가 너무 비싸다든지, 사회시설이 부족하다든지, 젊은이들의 일자리가 없다든지 등등의 이유로 말입니다. 필요한 것을 얻기 위해서는 사회와 싸

워야 합니다.

저는 많은 부모모임들에 나가서 '부모의 권리'에 대해 토론한 적이 있습니다. 제가 발견한 것은 부모들이 사회의 공공 서비스, 즉 학교나 병원, 지방자치단체 등에 불만이 많다는 것이었습니다. 인간은 항상 불평과 불만을 하는 존재라는 것을 염두에 둔다 하더라도, 많은 사람들이 사회에 의해 손해를 보면서 무력감을 느끼고 있다는 점만은 사실인 것 같습니다. 특히 '각종 기관'들에 대해서는 더 그렇지요. 앞에서 다루었던 엄격함 내지 단호함의 개념을 이 상황에 적용시켜서, 이제 우리는 부모들에게 무성의한 의사, 무례한 공무원, 건방진 교사 등에게 굳건하게 자신의 입장을 전달하여 굴복시키는 한편 소비자 입장에서 자신의 권리를 찾는 방법들을 가르쳐야 합니다.

한 사람의 목소리로는 미약하므로 이 단호함이라는 개념에 여러 사람의 목소리 즉 단체의 활동을 포함시키는 게 마땅합니다. 1990년대 들어 관심을 같이하는 모임이나 무슨무슨 운동 등에 참가하는 사람이 늘어나고 있습니다. 이제 사람들은 더이상 친목만을 위해 끼리끼리 어울리는 모임이나 정당이나 정치모임 같은 거대한 조직에 관심이 없습니다. 오히려 환경보호 모임이나 학교참여 모임 등 중간 정도 크기의 운동에 더 많이 참가합니다.

이것이야말로 진정한 참여민주주의로 가는 길이며, 정치인들은 이를 환영해야 합니다. 아이를 돌보는 데 있어 의사나 사회복지요원이 아무리 많아도 가까운 이웃보다는 못합니다. 아이의 정신건강을 위한 모임, 학부모들의 어린이 보호 모임, 출산교육센터, 좋은 아버지가 되는 모임, 홀로 자녀를 키우는 부모들의 모임, 소비자 보호 모임 등은 급속히 규모가 커가고 있으며 놀랄 만큼 많은 일들을 하고 있습니다.

가족에게 있어 물질적인 안정이 선행되어야 한다는 것에는 의심의 여지가 없습니다. 적정 수준의 소득 없이 자녀를 행복하게 키우는 것은 불가능하지요. 그러나 기본이 해결되면 또다른 욕구들이 생깁니다. 일단 먹고 자는 문제가 해결된 후 사람들이 절실하게 원하는 것은 다른 사람들과 교류하고 어떤 목적 있는 활동을 자유롭게 선택하여 참가하는 것입니다. '부모들은 참여하는 것을 싫어한다' 라는 얘기가 가끔 나오는데, 이것은 대개 지루하고 서먹서먹한 학부모와 교사의 모임이라든가 자녀양육에 관한 지겨운 설교조의 강연회 등을 주최하는 사람들이 하는 불평입니다. 이와 반대로 사람들이 좋아하고 성황을 이루는 모임들은, 친밀하며 직접 참여할 수 있고 소속감을 강하게 느낄 수 있는 모임들이지요.

미국에서 대규모의 통계조사가 행해진 적이 있습니다. 조사내용은 결손가정에서 가난하게 자란 십대 청소년들이 일부는 법을 준수하며 생산적인 일을 하고 또다른 일부는 범죄자가 되는 원인을 찾는 것이었습니다. 명확하게 밝혀진 단 한 가지 사실은 법을 준수하는 청소년들의 경우, 가족 외에 자신들을 다정히 대해주고 뒷받침해주는 어른들이 있었다는 것입니다. 전부는 아니지만 대부분의 이러한 청소년들은 관심과 성의를 가진 어른들이 주도하는 다양한 종류의 모임에 속해 있었습니다. 어린 범죄자 한 사람을 교화하는 데 드는 비용이 일 년에 6만 달러인데, 차라리 그 돈을 청소년 모임에 투자하면 얼마나 유용하겠습니까.

이제 정리를 해봅시다. 여러분이 부모라면 가족들의 관심을 확

대시키고 자녀가 살아갈 미래를 더 나은 것으로 만들기 위해 울타리 너머에 있는 모임이나 단체에 뛰어들게 될 것입니다. 여러분이 지역단체에서 활동하거나 혹은 지방의회 의원으로서 직접적으로 관여하고 있다면, 어느 가족이든지 '속할' 곳이 있어야 된다는 점을 결코 잊지 말아야 합니다. 가족들의 결합을 장려하고 그 결과로 단단한 지역사회를 형성하는 것은 국민들의 세금을 절약하고 범죄 같은 여러 사회문제를 미리 예방하는 길이 됩니다. 게다가 좀더 행복하고 자립적인 미래의 사회로 나아가게 됩니다. 공공문제에 예산을 집행할 때에는 치료보다 예방에 쓰는 것이 훨씬 이치에 맞는 일임은 두말할 필요도 없겠지요.

조부모, 이웃, 친구인 경우

부모 노릇은 외롭고 힘든 일입니다. 부모가 심한 스트레스를 받고 아이들을 억압하는 현상이 나타나기 시작하면 가깝게 지내는 이웃이나 친지만이 알아차리는 경우가 대부분입니다. 그러나 아무리 친한 이웃이나 친지라도 민망하지 않고 부담스럽지 않게 돕는다는 건 쉬운 일이 아닙니다. 그러한 상황에 맞는 몇 가지를 제안해보겠습니다.

실질적인 도움

가장 확실한 방법은 그 부모들을 대신해서 아이를 돌봐주는 것입니다. 대다수의 젊은 사람들이 아무리 해도 끝이 나지 않는 부모 노릇에다 직장생활까지 병행하느라 녹초가 되어 있습니다. 그때 아이에게서 벗어날 수 있는 잠깐의 휴식이 얼마나 큰 힘이 되겠습니까. 그러나 젊은 부모들은 남들에게 부담을 줄까 봐 선뜻 부탁하지 못합니다. 이런 경우에 좋은 방법이 있습니다. '가끔' 아이들을 봐주겠다고 자청하되, 한 번쯤은 "이번 주는 아이들을 봐줄 수가 없다"고 얘기하십시오. 그러면 '안 될 때는 분명하게 안 된다고 말하는구나' 하고 젊은 부모들이 부담을 덜 느끼게 됩니다. 동시에 여러분이 돌봐주는 일을 당연히 여기는 게 아니라 정말로 고마워하게 됩니다. 저와 아주 가까운 아주머니 한 분은 나이에 걸맞게 지혜도 많은 분인데, 이웃의 젊은 부부에게 한 가지 조건을 걸고 아이를 돌봐주겠다고 자청하셨습니다. 그 조건이란 부부가 그 시간을 온전히 휴식에 써야 한다는 것이었죠. 어색할 수도 있는 상황을 무척 솜씨 있게 다룬데다 결과도 매우 좋았습니다.

물질적인 도움은 그 다음입니다. 대개의 경우 아이를 막 낳아서 기를 때는 경제적으로 쪼들리다가 아이들이 다 자랐을 때쯤 여유가 생깁니다. 사회 전체의 일반적인 경향인 것 같습니다. 옛날에는 사람들이 지금보다 더 가난했지만 가족 안에서 여러 가지 물건을 함께 쓸 수 있었습니다. 오늘날의 젊은 부부들에게 아이를 키울 때 필요한 유모차 같은 물건을 물려준다거나 빌려주고, 또다른 형태의 도움을 줄 수 있다면 무척 도움이 되겠지요.

우정

이웃이나 친구가 따뜻하면서도 웃음을 줄 수 있는 유머감각과

메롱!
네가 좀더 엄격하게 했어야지!
메롱!

얘기에 귀기울여주는 성의를 보인다면 그것만큼 고마운 게 어디 있을까요. 부모들은 누군가 관심을 갖고 들어준다면 살아가면서 쌓인 긴장과 불안을 폭포처럼 쏟아낼 것입니다. 만약 이들의 이야기를 듣고 또 말을 건넬 수 있는 시간이 있다면, 그리고 얘기를 듣자마자 처방을 내리거나 남과 비교하는 우를 범하지 않는다면, 이들에게 큰 도움을 줄 수 있습니다. 젊은 엄마든 아빠든 얘기를 풀어내면서 점점 안도하는 기색이 역력히 나타남을 볼 수 있습니다. 설교를 늘어놓거나, 선불리 가르치려 들거나, 즉각적인 판결을 내리거나, 비교하거나, 비판하거나, 평가하려고 하지 마십시오.

그래도 혹시 '나이든 사람의 현명함'으로 충고를 해주고 싶은 마음이 생기면 입을 꽉 다물고 그 마음이 사라질 때까지 계속 미소만 지으십시오. 상대방이 충고를 부탁한 경우가 아니라면, 듣는 사람의 자신감을 송두리째 날려버리고 맙니다. 설령 그것이 '정말 좋은' 충고라 할지라도, 듣는 사람으로 하여금 스스로가 부족하다고 느끼게 하는 부작용을 무시할 수 없습니다. 그러니 이 조언을 명심하십시오!

하지 말아야 할 것

아이를 가진 젊은 부부의 부모들은 자식들의 부모 노릇이 어설프고 불안해 보여서 참견하고 싶은 생각을 열두 번도 더하게 됩니다. 자꾸 간섭을 하면 자식들은 그게 싫어서 아무 문제 없이 잘하고 있는 것처럼 보이려고 하고 그게 또다른 스트레스가 됩니다. 이제 막 초보 부모가 된 자식들에게는 잔소리와 간섭이 아니라 친구 같은 사람과 격려가 필요합니다.

부모 역할을 대신해주는 사람들

유명한 인류학자 마거릿 미드는 어린 손자들과 조부모가 친하게 지내는 이유가 그들이 공동의 적(?)을 갖고 있기 때문이라고 간파했습니다. 부모가 아이들에게 본때를 보여주느라 엄격하게 하면 아이들은 자기 편을 들어주고 자기를 인정해주는 믿음직스러운 친구 같은 어른이 필요합니다. 저는 무척 불행한 가정에서 자란 사람들을 꽤 많이 알고 있습니다. 이들은 죽고 싶거나 빗나가고 싶을 때 달려가서 위로를 구할 수 있는 나이든 어른이 마치 안전한 항구처럼 가까이 있었기에 그 모든 괴로움들을 견딜 수 있었다고 합니다. 아무리 형편없는 조부모라 해도 전혀 쓸모없는 존재는 아닙니다. 최소한 아이들의 비교대상이 되어, 결국 아이로 하여금 엄마 아빠가 얼마나 좋은 분들인가 하는 걸 깨닫게 해주거든요. 가족은 옷감과 같습니다. 거기에 친구들과 이웃들이 씨실과 날실로 함께 엮여 있다면, 모든 세대가 서로 거리낌없이 섞일 수 있다면, 우리에게는 심리학자도 복지정책이나 복지기관도 모두 필요없게 됩니다. 우리끼리 서로서로 잘 돌볼 수 있으니까요.

마지막 이야기 한 토막

나의 절친한 친구가 겪은 이 이야기는 부모 노릇이란 게 무엇인가를 어느 정도 요약해서 말해주고 있다.

그날 이 친구는 직장에서 안 좋은 일이 많았다. 날씨는 무더웠고 몸은 피곤했으며 집안은 난장판이었다. 아직 저녁도 먹지 못한 상태였다. 덩치 큰 열세 살짜리 맏아들은 그 또래들이 흔히 그러듯이 부엌을 온통 엉망으로 만들어놓고 있었다. 부자간에 언성이 높아지기 시작했다. 내 친구는 자기도 모르게 소리를 버럭 질렀다. "부엌에서 당장 나가! 네 방에 가 있어. 너한테 아주 질려버렸다."

소년은 화가 잔뜩 나서 자기 방으로 들어가 쾅 하고 문을 닫았다. 몇 초도 지나지 않아 내 친구는 후회하기 시작했다. 자신이 부끄러웠다. 자기가 소리지를 때 아들의 얼굴, 특히 아버지의 폭력적인 태도에 겁을 먹은 아들의 눈을 보았던 것이다.

그는 자기가 왜 그렇게까지 화가 났는지 생각해보았다. 앞뒤가 맞지 않았다. 그날 여러 가지 안 좋은 일이 겹쳐서 그랬을 것이라고 생각했지만 어쨌든 수치심은 사라지지 않았다.

몇 분 후에 그는 아들의 방으로 가서 사과를 했다. "내가 너한테 고함을 지르는 게 아니었는데…… 네가 그때 성가시게 굴긴 했지만, 그렇다고 내가 고함을 지르고 널 방으로 쫓아보낸 건 잘못이었다. 미안하구나, 용서하기 바란다."

세상에! 이렇게 하려면 엄청난 용기가 필요하다. 이 이야기를 쓰는 내가 다 살이 떨릴 정도로 그것은 무척이나 하기 어려운 일이다. 소년은 모호한 태도를 취했다. 소년의 감정은 이미 상처를 입었고 '미안하다'는 몇 마디로는 신뢰가 회복되기 어려웠다. 내 친구는 아래층으로 내려가 부엌을 치웠다.

20분 정도가 지나, 그는 잠자리에 들 준비를 했다. 욕실에서 양치질을 하고 있자니 아들이 슬쩍 다가왔다. 소년의 눈은 반짝이고 있었다. 소년은 아버지 곁을 지나가며 부드럽게 그러나 분명하게 말했다. "아빠를 미워하는 게 왜 이렇게 힘들지?"

여러분은 잠 못 이루는 밤을 수없이 겪었고, 놀라서 병원 응급실로 달려간 일도 여러 번이었고, 숙제 도와주기부터 아이를 실어나르는 착실한 운전기사 노릇에 이르기까지 수없이 많은 일을 아이들을 위해 해왔다.

정말로 소중한 것은 여러분이 쏟아부은 이 모든 노력들을 (운이 약간 따라준다면) 언젠가는 아이들이 깨닫는다는 점이다. 사랑은 결국 뭔가를 이루어낸다. 그것에 비하면 다른 것들은 결국은 아무것도 아닌 것이다.

아이에게 행복을 주는 비결 1

1판 1쇄 1999년 11월 30일
1판 40쇄 2019년 12월 31일

지은이 스티브 비덜프
옮긴이 전순영
펴낸이 김정순
펴낸곳 (주)북하우스 퍼블리셔스
출판등록 1997년 9월 23일 제406-2003-055호

주소 04043 서울시 마포구 양화로 12길 16-9(서교동 북앤빌딩)
전자메일 editor@bookhouse.co.kr
홈페이지 www.bookhouse.co.kr
전화번호 02-3144-3123
팩스 02-3144-3121

ISBN 89-87871-26-6 03180

이 도서의 국립중앙도서관 출판도서목록(CIP)은 e-CIP 홈페이지(http://www.nl.go.kr/cip.php)에서
이용하실 수 있습니다. (CIP제어번호 : CIP2004000049)